Inhoud

	Inleiding	4
Les 1	Ik leer Nederlands sinds ...	6
Les 2	Waar woon jij?	18
	Voor beroep en praktijk: een nieuwe baan	27
Les 3	Ik heb niets om aan te trekken!	30
Les 4	Vroeger toen ik klein was ...	41
	Voor je studie: studie vroeger en nu	51
Les 5	Ik ga altijd met de trein.	53
Les 6	Wat is er vanavond te doen?	62
	Voor beroep en praktijk: een zakenreis	68
Les 7	Ik voel me niet zo lekker.	70
Les 8	Eindelijk vakantie!	76
	Voor je studie: BSc, PGO etc.	82
	Prinsjesdag	84
	1 meifeest	85
	Prettige paasdagen!	86
	Carnaval	87

Inleiding

Wat leuk! Der Niederländischkurs is communicatief lesmateriaal Nederlands voor cursussen in de volwasseneneducatie. Het boek voor het A2-niveau zet het basisconcept van het eerste boek (niveau A1) voort en in acht lessen wordt het niveau A2 van het Europees Referentiekader voor Talen bereikt. Het lesmateriaal bestaat uit:

– *Kursbuch A2* met geïntegreerde audio-CD	ISBN 978-3-19-005461-9
– *Arbeitsbuch A2* met geïntegreerde audio-CD	ISBN 978-3-19-025461-3
– *Lehrwerkservice* op internet	www.hueber.de/wat-leuk

Het **Kursbuch** is ingedeeld in acht thematisch georiënteerde lessen. Aangezien cursisten op A2-niveau ook in staat (moeten) zijn met langere teksten om te gaan, bestaat het leesgedeelte *Leuk. Lezen!* nu uit twee bladzijden: links staan de oefeningen die in vier fases ingedeeld zijn (*ter voorbereiding op het lezen / opgaven bij het lezen / aan de slag met de tekst / na het lezen van de tekst*), rechts de tekst of de teksten. Op deze wijze leren de cursisten om te gaan met de centrale strategieën voor het lezen van teksten. Daarna volgt een nieuw luisterelement, *Leuk. Luisteren!* De oefeningen bij deze langere en aantrekkelijke luisterteksten zijn ingedeeld in drie fases (*ter voorbereiding op het luisteren / opgaven bij het luisteren / na het luisteren*), zodat de cursisten zich ook belangrijke luisterstrategieën eigen kunnen maken. Op de afsluitende bladzijde *Kort en bondig* zijn niet alleen nieuwe grammaticathema's met een bijbehordende oefening overzichtelijk weergegeven, maar ook herhaling van belangrijke thema's van niveau A1. Ten slotte is er aan het einde van de les, net als bij het A1-niveau, een controlemogelijkheid van de leerdoelen opgenomen.

Na twee lessen volgen steeds twee bladzijden die speciaal gericht zijn op cursisten die Nederlands beroepshalve of voor studie leren, maar die natuurlijk ook interessant voor de andere cursisten zijn. Na de laatste les is materiaal over de feestdagen in de Nederlandstalige landen opgenomen. De bijlage ten slotte bestaat uit de "tweede delen" van de information-gap-oefeningen, een grammatica-overzicht A1 / A2 en de woordenschat per les, waarin de meestfrequente woorden vet gedrukt zijn.

Met het **Arbeitsbuch** kunnen de cursisten de leerstof thuis verwerken en verdiepen; steeds na vier lessen is er bovendien een zelftest opgenomen waarmee de eigen leervooruitgang kan worden getest. Het werkboek wordt afgerond met een checklist voor het A2-niveau, in de bijlage daarvan bevinden zich de oplossingen van de oefeningen (met transcripties van de luisterteksten) en de alfabetische woordenlijst.

De **Lehrwerkservice** biedt een test aan waarmee de cursist voor wat betreft de lessen in het lesboek op zijn niveau ingedeeld kan worden. Bovendien zijn daar de kopieerbladen voor de les opgenomen: speelse extra activiteiten voor de les en transcripties van de niet gedrukte luisterteksten uit het lesboek.

In het lesmateriaal en de docentenhandleiding is gekozen voor de mannelijke vorm van woorden. Zo wordt bijvoorbeeld *cursist* gebruikt en niet *cursiste*, *docent* en niet *docente*. Het is een keuze die vanuit plaatsbesparende overwegingen is gemaakt, maar vooral ook omdat in het Nederlandstalige gebied steeds minder expliciet onderscheid tussen de mannelijke en vrouwelijke vormen wordt gemaakt.

De directe aanspreekvorm in het lesmateriaal *Wat leuk!* A2 is de jij-vorm, zowel voor de cursisten in het leer- en werkboek als voor de docent in deze docentenhandleiding. Deze vorm is gekozen, omdat de jij-vorm, zeker in cursussituaties, in de Nederlandstalige gebieden het meest wordt gebruikt.

Wat spelling betreft, is in het lesmateriaal *Wat leuk!* voor de spelling volgens het “Groene Boekje” gekozen en niet voor de spelling van het “Witte Boekje”. De reden hiervoor is simpel: in het Nederlandstalige onderwijs is de spelling volgens het “Groene Boekje” verplicht.

We hebben met grote zorg en veel plezier aan het lesmateriaal voor *Wat leuk!* A2 gewerkt. Mocht je voorstellen of opmerkingen hebben om het materiaal nog leuker en / of beter te maken, dan stellen we die natuurlijk zeer op prijs!

Het *Wat leuk!* A2-team

Ik leer Nederlands sinds ...

1 Waar is mijn pen?

a **Doel** *woordenschat: in de cursus*
Methode *ontdekkend leren (a.h.v. plaatjes)*
Oplossing *vanaf het midden met de klok mee:* 4, 2, 3, 1, 7, 6;
links binnenkant: 11, 10; *links buitenkant:* 5, 8, 9.

Wijs voor opgave 1a eerst naar de objecten in het leslokaal en vraag de cursisten naar de passende Nederlandse woorden daarvoor. Voor de snel lerende cursisten kan de woordenschat worden uitgebreid met woorden als: *puntenslijper, tas, gum / het gummetje, de / het lineaal, map, deur, prullenbak, lamp, zakdoeken, het papier* e.d.
Opmerking: Bij de woorden wordt alleen het lidwoord *het* gegeven, alle andere woorden zijn de-woorden.
Variatie: De cursisten stellen elkaar vragen als: *Hoe heet het ding dat naast de / het... ligt?*

b **Doel** *toepassen op de eigen situatie*
Methode *groepsgesprek*

Eventueel eerst nog ingaan op *er is* ↔ *er zijn*. In tegenstelling tot het Duits wordt er in het Nederlands verschil tussen enkelvoud en meervoud gemaakt (*er* **is** *één stoel / er* **zijn** *tien stoelen* versus *es* **gibt** *einen Stuhl / es* **gibt** *zehn Stühle*). Wijs de cursisten op het feit dat in het Nederlands *klaslokaal* vaak tot *lokaal* afgekort wordt. Veel cursisten gebruiken in het Nederlands bij beschrijvingen *op de tafel <u>is</u> ... / voor het bord <u>is</u> ...* Wijs de cursisten op het gebruik van *hangen, staan, liggen* e.d.

c **Doel** *training van de nieuwe woordenschat, herhaling*
Methode *zelf opgaven formuleren*
Oplossing *op, naast, groen, geel, personen, pennen.*

Voor deze oefening preposities en regels voor de vorming van de adjectieven en het meervoud herhalen. Met het plaatje of het lokaal zelf kunnen nog andere opgaven gegeven worden, men kan bijvoorbeeld zelf boeken en pennen in verschillende kleuren op elkaar / naast elkaar e.d. leggen en de cursisten vragen de situatie te beschrijven – of de cursisten doen dit zelf en vragen hun medecursisten *Waar is mijn rode pen?*

2 Ik heb een cursus Nederlands gevolgd.

a **Doel** *relevante informatie begrijpen*
Methode *globaal luisteren*
Oplossing ***2 vrouwen:*** *Hanneke (docente) en Anne-Sophie (cursiste);*
2 mannen: *Peter (cursist) en aan het eind nog 1 cursist, die nauwelijks te horen is.*

Aan cursisten die snel leren kunnen verdere vragen over de tekst gesteld worden, bv. *Waar vindt de cursus plaats?*

b **Doel** *relevante informatie begrijpen*
Methode *selectief luisteren*
Oplossing **Peter:** *ongeveer zes maanden; voor vakantie; Ja, heel leuk. Schrijven is soms lastig; lezen; spreken.* **Anne Sophie:** *–; voor haar werk; Ja, maar het is niet gemakkelijk. De uitspraak; lezen; schrijven.*

Bespreek eerst de vragen en begin daarna met de luisteroefening. In de oefening staan hoofdbegrippen die bij het luisteren evt. moeten worden getransfereerd. Laat de cursisten vervolgens zelf de antwoorden invullen. Daarna stelt steeds één cursist een andere cursist de vraag, de ander beantwoordt de vraag. *Wat vindt Anne-Sophie moeilijk? – Ze vindt de uitspraak niet makkelijk.* De overige cursisten luisteren en controleren hun antwoorden.
Opmerking: *Makkelijk* en *gemakkelijk* mogen allebei worden gebruikt. *Gemakkelijk* is de oudste vorm. Volgens het *Woordenboek der Nederlandsche Taal* (WNT, deel IX, 1913) is *makkelijk* een "bijvorm van *gemakkelijk*, die vooral in Holland zeer gewoon is." Het WNT geeft enkele

citaten uit de achttiende eeuw waarin *makkelijk* wordt gebruikt. In de schrijftaal komt deze vorm dus ook al eeuwen voor. *Gemakkelijk* is volgens de taalnorm het meest geschikt voor formelere contexten.

c **Doel** *toepassen op de eigen situatie*
Methode *antwoorden noteren*

d **Doel** *vragen naar informatie*
Methode *partnerinterview*

De cursisten vullen de antwoorden van hun gesprekspartner in. Na afloop kunnen enkele cursisten vragen over hun gesprekspartner worden gesteld. *Wat vindt Paula moeilijk? / Kun jij me vertellen sinds wanneer zij Nederlands leert?* e.d.
Aangeraden wordt hier op het verschil tussen *begrijpen* (meestal inhoudelijk) en *verstaan* (meestal akoestisch) in te gaan. Bij talen wordt echter meestal *verstaan* gebruikt: *Ik kan Duits goed verstaan.*
Hierna kan de luistertekst nog een keer worden afgespeeld waarbij de cursisten moeten aangeven in welke zinnen ze *begrijpen* en *verstaan* hebben gehoord. Daarna de cursisten zelf twee zinnen laten formuleren, één met *begrijpen* en één met *verstaan*.

3 Hoe heb jij die taal geleerd?

a **Doel** *zinnen bij het thema: manieren om talen te leren*
Methode *ontdekkend leren (a.h.v. plaatjes)*
Oplossing *v.l.n.r.:* 1, 8; 5, 10, 2; 6, 3, 7; 4, 9.

Vervolgoefening: Iedere cursist kiest een persoon van een foto en noteert wat deze persoon zegt of denkt. De cursisten lezen voor wat ze hebben opgeschreven en de anderen raden om wie het gaat.

b **Doel** *toepassen op de eigen situatie*
Methode *partnerinterview*

4 Welke cursus is geschikt voor mij?

a **Doel** *relevante informatie vinden*
Methode *selectief lezen*
Oplossing

	Dutch!	**Perfect!**	**NL opleidingen**
Hoeveel?	*v.a. € 15,00 per uur*	*v.a. € 65 / uur*	*cursus v.a. € 250*
Wanneer?	*bv. zomer*	*pers. wensen*	*zelf bepalen*
Individuele c.?	*nee*	*ja*	*ja*
Groepsc.?	*ja*	*nee*	*nee*
Schrijven?	*wordt niet genoemd*	*ja (op maat)*	*ja (nadruk!)*
Spreken?	*accent op conversatie*	*ja (op maat)*	*wordt niet gezegd, waarschijnlijk geen spreken*
Extra?	*musea, café*	*nee*	*nee*

De cursisten bepalen welke tekst eerder formeel en welke eerder informeel is en uit welke tekstfragmenten dat blijkt.

b **Doel** *relevante informatie vinden, toepassen op de eigen situatie*
Methode *selectief lezen*
Oplossing ***Anna:*** *taleninstituut Perfect;* ***Markus:*** *taalschool Dutch.*

Een paar cursisten apart vragen waarom zij voor welke cursus hebben gekozen, wat zij belangrijk vinden. En waarom ze de andere cursussen niet hebben gekozen.
De cursisten wijzen op het reeds bekende gebruik van het werkwoord *hoeven*, dat steeds gecombineerd wordt met *niet*, *geen* of dergelijke woorden. In het Duits *brauchen*, in de volgende betekenis: *Das brauchst du nicht zu tun. Das brauchst du nicht zu lernen.* enz.
De prijzen van de taalcursussen laten vergelijken. De cursisten daarbij herinneren aan de vorming van de vergelijkende trap (comperatief) + *dan*.

5 Mijn Nederlands is nog niet goed genoeg.

a **Doel** *relevante informatie begrijpen*
Methode *selectief luisteren*
Oplossing *1b, 2b.*

Volgende vragen op het bord schrijven, evt. met multiple choice antwoorden:
3 Waar vindt het gesprek plaats? ● Op een talenschool. ● Bij Arne Schenk thuis. 4 Waarom hebben Arne en Eva een afspraak?
● Omdat Arne een cursus Nederlands wil gaan volgen. ● Omdat Eva een cursus Duits wil gaan volgen.

b **Doel** *relevante informatie begrijpen*
Methode *selectief luisteren*
Oplossing **1.** *Dat ze eerst een gesprek in het Nederlands voeren om te bepalen welke cursus voor Arne geschikt i s.* **2.** *Duitsland;* **3.** *Hij heeft een dochtertje en wil begrijpen wat ze zegt. / Hij wil graag een betere baan hebben.* **4.** *In de ochtend.*

Bespreek in de cursus de betekenis en het gebruik van het woord *de ochtend* (nl. hetzelfde als *de morgen*).

c **Doel** *zich relevante uitdrukkingen eigen maken*
Methode *selectief-gedetailleerd luisteren ondersteund door lezen*
Oplossing *Gaat u zitten. / Om te bepalen ... / Ik durf nog niet ... / Als ik mag kiezen ... / Ik stel voor dat ... / Laten we eens kijken ...*

Wijs nog eens expliciet op de speciale constructies of woorden:
Gaat u zitten. ↔ *Setzen Sie sich.* / *durven* ↔ *sich trauen* / *als* ↔ *wenn* / *voorstellen* ↔ *vorschlagen* / *laten we* ↔ *Lassen Sie uns (mich)* / *een cursus volgen* ↔ *an einem Kurs teilnehmen* (soms in de omgangstaal wordt ook *een cursus doen* gebruikt) en iets *vragen aan*.

d **Doel** *zich relevante uitdrukkingen eigen maken*
Methode *vertalen (ondersteund door context)*
Oplossing **1.** *intakegesprek;* **2.** *nog niet goed genoeg;* **3.** *niet echt goed;* **4.** *het liefst;* **5.** *in de ochtend;* **6.** *inderdaad.*

Wijs de cursisten op het feit dat in het Nederlands Engelse woorden of woorddelen in Nederlandse woorden overgenomen kunnen worden, zoals bijvoorbeeld bij *intakegesprek*.

De cursisten worden hier nogmaals op de betekenis van het woord *ochtend* geattendeerd. Vraag de cursisten wat ze denken dat het verschil is tussen *niet echt goed* en *echt niet goed*.
Bij het bespreken van de antwoorden kunnen volgende zinnen in het Nederlands worden gebruikt: *Weet je wat "Aufnahmegespräch" is in het Nederlands? / Wat betekent "tatsächlich"? / Hoe zeg je "am liebsten" in het Nederlands?* e.d. Deze zinnen kunnen vooraf op het bord worden verzameld.

e **Doel** *automatisering van zinnen voor het spreken over een taalcursus, toepassen op de eigen situatie*
Methode *vraag en antwoord met elkaar verbinden*
Oplossing *1d, 2e, 3b, 4c, 5a.*

Nadat de cursisten vragen en antwoorden met elkaar verbonden hebben, wordt de oplossing in de groep besproken. Daarna kan er een snelheidsspelletje worden gespeeld: een cursist leest snel een vraag voor – wie als eerste het juiste antwoord geeft krijgt een punt. Op deze wijze worden vragen en mogelijke antwoorden vaak herhaald en geautomatiseerd. Stel daarna de cursisten voor dat ze elkaar vragen stellen. Dit kan in de vorm van een spontaan gesprek in een kleine groep gebeuren.
Variatie: De cursisten formuleren in groepjes van twee vooraf een dialoog naar het model van 5c en vervolgens spelen ze deze dialoog dan voor de groep. De cursisten die luisteren maken daarbij aantekeningen en vatten het gesprek kort samen.

6 Sorry, op welke bladzijde zijn we?

a **Doel** *zinnen bij het thema: aanwijzingen tijdens de les*
Methode *ontdekkend leren (a.h.v. plaatjes)*
Oplossing *in de volgorde van de regels: a, g, b, h, i, f, e, c, d.*

b **Doel** *aanwijzingen in de les begrijpen*
Methode *gedetailleerd luisteren*
Oplossing *in de volgorde van de regels: a9, g6, b1, h2, i7, f4, e3, c5, d8.*

Net als in de realiteit is de mondelinge aanwijzing niet altijd precies hetzelfde als de schriftelijke. Moedig de cursisten aan eventueel door het uitsluiten van bepaalde antwoorden tot de juiste oplossing te komen. Laat de luistertekst een paar keer horen zodat de uitdrukkingen geautomatiseerd worden.

c **Doel** *uitbreiding zinnen en woorden voor het gebruik in de les*
Methode *opmerking en vraag met elkaar verbinden*
Oplossing *1c, 2a, 3b, 4f, 5e, 6d.*

Het is zinvol deze voor de les zeer relevante uitdrukkingen te automatiseren. Noteer iedere uitdrukking op een kaartje. Leg de kaartjes met de tekst naar beneden op de tafel. Een cursist draait twee kaartjes om en leest de tekst op het kaartje voor. Als ze bij elkaar passen krijgt de cursist dit paar. Passen ze niet bij elkaar, dan moeten ze weer worden omgedraaid en is de volgende cursist aan de beurt.

7 Taak: een overzicht

De bedoeling is de cursisten met elkaar in gesprek te brengen. Afhankelijk van de grootte van de groep zouden kleinere groepjes gemaakt kunnen worden. Om de cursisten op weg te helpen kunnen de thema's van deze les nog een keer besproken worden: welke taal spreek je, waar heb je de taal geleerd, hoe goed spreek je de taal, wat vind je moeilijk in de taal (zie ook bladzijde 7, *Ik heb een cursus Nederlands gevolgd*). Als de groep niet zo groot is, kunnen de cursisten ook samen één overzicht maken en de resultaten aan de docent presenteren. In groepen die snel leren kun je deze opdracht ook met een gesprek over het Nederlands leren beëindigen:
Wat vinden jullie belangrijk? Wat willen jullie graag in deze cursus leren? Waarom leer je Nederlands?
Het doel is hier natuurlijk niet een perfecte presentatie! In groepen met cursisten die snel leren kunnen een paar algemene uitdrukkingen naar voren worden gebracht zoals: *In dit overzicht zie je duidelijk dat ... / Uit dit overzicht blijkt dat ...*
Opmerking: Attendeer de cursisten op het gebruik van de enkelvoudsvorm na *procent* in het blokje rechtsonder op de bladzijde. Dit is anders dan in het Duits!

Leuk. Lezen!

1 **Doel** *voorbereiding op het lezen*
Methode *vooraf vragen naar kennis over het thema / vragen wat de cursisten vermoeden*

Sommige cursisten zijn misschien verbaasd dat een dergelijke oefening VOOR het lezen gemaakt dient te worden. Leg de cursisten daarom uit dat het over het algemeen zinvol is voor het lezen van een tekst de reeds aanwezige kennis over het thema te activeren. Bij de meeste thema's schiet je wel iets te binnen. Daarbij is het niet zo dat de reeds aanwezige kennis volledig moet aansluiten bij de tekst die later wordt gelezen. Het gaat meer om een gerichte strategie om het neurale hersennetwerk op een thema voor te bereiden. Hier gaat het dus om het formuleren van vermoedens en hypotheses. Moedig de cursisten aan gewoon uit te gaan van hun eigen mening.

2 **Doel** *relevante informatie vinden*
Methode *globaal lezen*
Oplossing 1C, 2A, 3C, 4B.

Wijs vooraf de cursisten op het feit dat voor het maken van deze opgave de teksten niet in detail gelezen en begrepen moeten worden. Maak de cursisten duidelijk dat dit globale lezen een belangrijke leesstrategie is die je ook in een vreemde taal moet oefenen. En wijs voor het lezen van de tekst de cursisten op het feit dat de toon van de eerste tekst vrij hard is en in deze vorm eerder uit de sensatiepers stamt, maar hij past inhoudelijk wel bij die tijd.

3 **Doel** *relevante informatie vinden*
Methode *selectief lezen*
Oplossing **1.** 1993; **2.** 2006; **3.** *30 eerstjaars studenten Duits;*
4. *400 Duitsers studeren Nederlands;*
5. *De slechte kennis van de Duitse taal kan de Nederlandse economie per jaar 8 miljard euro kosten.*

Maak de cursisten duidelijk dat ze de teksten nu nog een keer intensiever moeten lezen. Het selectieve lezen heeft tot doel gericht gedetailleerde informatie uit de tekst te filteren. Veel cursisten weten niet dat ze deze leesstrategie ook vaak bij het lezen van teksten in hun moedertaal (onbewust) gebruiken.

4 **Doel** *zich eigen maken van de woordenschat*
Methode *woorden met de passende vertaling verbinden*
Oplossing *1c, 2a, 3b, 4g, 5f, 6e, 7d.*

Teksten worden in het vreemde-talenonderwijs vaak niet alleen voor de eigenlijke leesopdracht gebruikt, maar ook als aanleiding voor het werken met woordenschat of grammatica. Onder de rubriek *Aan de slag met de tekst* zijn in de acht hoofdstukken verschillende voorstellen voor dergelijke opgaven opgenomen. In deze oefening wordt de aandacht nog eens op bepaalde woorden gevestigd. Sommige hiervan kennen de cursisten al of zijn makkelijk af te leiden. Moedig de cursisten aan zich de woorden in de context waarin ze gebruikt worden eigen te maken. Maak de cursisten ervan bewust dat het gebruik van de context een extreem belangrijke strategie voor het lezen is.

5 **Doel** *gebruik van werkwoorden in het enkelvoud na aangave in procent*
Methode *ontdekkend leren*
Oplossing **1.** *ziet;* **2.** *vindt;* **3.** *noemt;* **4.** *vindt. In tegenstelling tot het Duits wordt in het Nederlands bij "procent" altijd het werkwoord in het enkelvoud gebruikt.*

Aan de hand van teksten kunnen grammaticale fenomenen zelf worden ontdekt of weer uit het geheugen worden opgeroepen. Attendeer de cursisten op het feit dat bij de omgang met leesteksten natuurlijk het leesproces in het middelpunt staat. Juist voor het leren van vreemde talen is het echter zinvol na het eigenlijke lezen nog eens bewust stil te blijven staan bij bepaalde fenomenen. Daarbij komen reeds bekende aspecten weer naar voren en nieuwe / onbewuste regels kunnen worden ontdekt. Hier wordt dat aan de hand van het voorbeeld met de werkwoordsvorm na het woord *procent* duidelijk gemaakt. Dit thema is eventueel in *Taak* (opgave 7 op bladzijde 11 van het lesboek) al besproken en kan hier in het kader van de context naar voren worden gebracht.

6 **Doel** *toepassen op de eigen situatie*
Methode *partner- of groepsgesprek*

Onder de rubriek *Na het lezen van de teksten* zijn voorbeelden te vinden hoe je een gesprek over de inhoud van een tekst of een transfer naar de eigen situatie kunt voorstellen. Maak de cursisten duidelijk

dat *Leuk. Lezen!* het leesproces dus in vier fases heeft ingedeeld. Dit principe is in alle acht hoofdstukken terug te vinden – en dient als motivatie voor de cursisten bij het zelfstandig lezen van Nederlandse teksten op deze wijze te werk te gaan.
Vraag de cursisten na het lezen van tekst A wat ze van de tekst vinden. Vraag of ze weten waarom de tekst zo negatief was. Leg uit waarom dit onderzoek zo schrikbarend was. Oorzaken: klein land, groot buurland is vaak moeilijk, de hereniging van West/Oost-Duitsland veroorzaakte bij veel Nederlanders een onzeker gevoel. Natuurlijk ook de Tweede Wereldoorlog en de vele uren geschiedenisles op de Nederlandse scholen waarin uitgebreid aandacht aan die oorlog wordt besteed. Dan nog de aanslagen die in die tijd op asielzoekerscentra in Duitsland werden gepleegd.

7 **Doel** *stimulans om zelf dieper op het thema in te gaan*
Methode *klein project*

Mocht er in de lesruimte een mogelijkheid zijn de gegevens op internet op te zoeken, dan kan deze opgave natuurlijk in de les gemaakt worden. Zo niet, kan het als projectje in de vorm van huiswerk worden opgegeven. Wijs de cursisten op het feit dat het op het A2-niveau nog niet de bedoeling is een volledige presentatie voor te bereiden. Het gaat er meer om de resultaten in simpele woorden aan de andere cursisten te presenteren.

Leuk. Luisteren!

1 **Doel** *voorbereiding op het luisteren*
Methode *vragen naar het vermoeden van de cursisten*

Leuk. Luisteren! is nieuw in het lesboek A2. Attendeer de cursisten op het feit dat ook het luisteren in verschillende fases in te delen is: *de voorbereiding op het luisteren, de opgaven bij het luisteren* en een transfer / verdergaande opgave *na het luisteren*. Net als bij het lezen (zie blz. 13) worden hier eerst de hersenen op het luisteren voorbereid: in de eerste opgave wordt het thema genoemd, daarna zie je foto's met motieven van dingen / situaties die in een dergelijk interview eventueel voor zouden kunnen komen. Wijs de cursisten expliciet op het feit dat het er alleen om gaat vermoedens te uiten, het neurale netwerk in de hersenen op de volgende luistertekst voor te bereiden. Het doel is niet "de juiste" oplossing te vinden.

Vervolgoefening: De cursisten beschrijven wat ze op de plaatjes zien. Bovendien geven ze uitgebreidere informatie en uitleg waarom ze denken dat bepaalde plaatjes in de tekst besproken zullen worden of niet.

2 **Doel** *relevante informatie begrijpen*
Methode *selectief luisteren*
Oplossing *In de tekst wordt twee keer over "verhuizen" gesproken.*
***Eerste mogelijkheid*: 1.** *aardappelen / aardappels (foto aardappels);* **2.** *München (foto Frauenkirche);* **3.** *Utrecht (foto Utrecht CS);* **4.** *verhuisd (foto verhuisauto);* **5.** *reisbureau (foto reisbureau);* **6.** *stewardess (foto stewardess).*
***Tweede mogelijkheid*: 1.** *aardappelen / aardappels (foto aardappels);* **2.** *München (foto Frauenkirche);* **3.** *Utrecht (foto Utrecht CS);* **4.** *reisbureau (foto reisbureau);* **5.** *stewardess (foto stewardess);* **6.** *verhuisd (foto verhuisauto).*

Voordat de luistertekst wordt gestart moet de cursisten worden verteld dat er verschillende antwoordmogelijkheden zijn en dat het er in deze oefening ook niet om gaat dat alles "juist" beantwoord wordt. Motiveer de cursisten liever het geheel speels te zien. Tijdens de eerste keer dat de cursisten naar de tekst luisteren moeten ze hun vermoedens uit opgave 1 controleren. Vergelijk in de cursus: *Is er een foto die niemand heeft aangekruist? Is er een foto die iedereen heeft aangekruist, maar die niet in de tekst voorkomt?* Geef nu de aanwijzing voor het tweede deel van de oefening (in de juiste volgorde brengen) en laat de luistertekst een paar keer horen.

3 **Doel** *relevante informatie begrijpen*
Methode *gedetailleerd luisteren*
Oplossing ***a.*** *Nederlands in het buitenland;* ***b.*** *Piet Visser;* ***c.*** *Utrecht;* ***d.*** *Nederlandse les gegeven;* ***e.*** *opgezegd;* ***f.*** *hartstikke leuk.*

Maak de cursisten ervan bewust dat voor opgave 3 en 4 een andere luisterstrategie noodzakelijk is dan bij opgave 2. Op bepaalde plaatsen in de luistertekst moet gedetailleerde informatie exact worden begrepen. De cursisten moeten eerst het begin van de zes zinnen bekijken en zich zo op opgave 3 voorbereiden.

4 **Doel** *relevante informatie begrijpen*
Methode *gedetailleerd luisteren*
Oplossing *Redenen die genoemd worden om Nederlands te leren:* ***beroep*** *(stewards / stewardessen hebben een examen in een tweede vreemde taal nodig als ze purser willen worden); Nederlandse of Vlaamse* ***partners / familie****;* ***studie*** *in Nederland; mensen die voor hun* ***werk*** *naar Nederland moeten verhuizen.*

5 **Doel** *transfer / toepassen op de eigen situatie*
Methode *interview*

De cursisten kunnen op weg geholpen worden door ze te laten samenvatten welke vragen er in het interview gesteld werden: *Sinds wanneer geef je les? / Vind je je werk leuk? / Wie leert er bij jou Nederlands en waarom?*

Kort en bondig

In de meeste hoofdstukken wordt op deze bladzijde reeds bekende stof opgepakt en herhaald. De besproken aspecten kunnen gericht op plaatsen in het hoofdstuk waarin ze worden gebruikt worden ingevuld.
Variatie: Deze opgaven worden als samenvatting aan het einde doorgenomen. In cursussen met zwakkere cursisten wordt aangeraden deze fenomenen vooraf te bespreken.

Oplossing ***Wortstellung:*** *Vuistregel: Hilsverb vor Modalverb vor Hauptverb.* ***Das Wort er:*** *1b, 2a, 3d, 4c;* ***Rechtschreibung:*** *leren → ik leer; rood → rode; zitten → ik zit; pen → pennen; lezen → ik lees; schrijven → ik schrijf;* ***Plural:*** *bord → borden; niveau → niveaus; advertentie → advertenties; programma → programma's;* ***Adjektive:*** *een rode pen, de rode pen, de rode pennen; een rood potlood, het rode potlood, de rode potloden.*

Waar woon jij? Les 2

1 Woon je in een flat of in een huis?

a **Doel** *woordenschat: verschillende soorten woningen*
Methode *ontdekkend leren (a.h.v. plaatjes)*
Oplossing A9, B8, C6, D3, E5, F7, G1, H2, I4.

Bespreek de controle van de oplossing in het Nederlands: *Wat zie je op plaatje H?*
Opmerking: In het Nederlands wordt vaak met het woord *woning* niet alleen een appartement bedoeld, het kan ook een huis zijn. Dus iets waarin je kunt wonen. Een vijfkamerwoning kan dus een appartement of een huis met vijf kamers zijn.
Let op: In België wordt een *flat* een *appartement* genoemd en een *flatgebouw* een *appartementsgebouw*.

b **Doel** *toepassen op de eigen situatie*
Methode *groepsgesprek*

Vraag door door vragen te stellen als: *Welke kleur heeft jullie huis? Hoeveel woningen zijn er in jullie flat?* enz.

c **Doel** *toepassen op de eigen situatie*
Methode *partnergesprek*

De cursisten kunnen andere cursisten na de partnergesprekken vragen over de woonsituatie van hun gesprekspartner stellen.
Vervolgoefening: Maak een mindmap op het bord. Verzamel daarvoor voor- en nadelen van het wonen in de stad of op het platteland, of in een huis of in een flat e.d.

2 Ik ben mijn sleutel kwijt!

a **Doel** *de sfeer van een dialoog inschatten*
Methode *globaal luisteren*
Oplossing **1.** *slecht humeur;* **2.** *goed humeur;* **3.** *goed.*

Wijs de cursisten erop dat je altijd interpreteert hoe datgene wat gezegd wordt bedoeld is, hoe de verhouding tussen de twee gesprekspartners ten opzichte van elkaar is e.d. In de moedertaal gebeurt dit meestal onbewust. In een vreemde-talencontext spelen naast de individuele natuurlijk ook de culturele verschillen een rol. Aan de hand van een voorbeeld kunnen de cursisten hier oefenen de stemming te herkennen.

b **Doel** *woordenschat: kamers in de woning*
Methode *ontdekkend leren*
Oplossing **1.** *logeerkamer;* **2.** *badkamer;* **3.** *woonkamer;* **4.** *keuken;* **5.** *slaapkamer;* **6.** *gang.*

Stel de cursisten voor de begrippen voor de kamers met het Duits (en eventueel andere talen) te vergelijken. Waar zijn er overeenkomsten, waar verschillen? Wijs de cursisten op het feit dat je in het Duits ook *Bad* voor *badkamer* kunt zeggen, maar dat dat in het Nederlands alleen *de badkuip / het bad* betekent en niet *de badkamer*.

c **Doel** *woordenschat: voorwerpen inrichting*
Methode *ontdekkend leren (a.h.v. plaatjes)*
Oplossing A8, B7, C2, D3, E4+6, F13, G12, H5, I10, J9, K1, L11.

Vraag de cursisten welke valse vrienden ze hier kunnen vinden (*bank* ↔ *Sofa* / *bureau* ↔ *Schreibtisch*) en welke bijzonderheden nog opvallend zijn (bv. *afwasmachine, wastafel, fornuis, kast, strijkplank, fornuis*). Doel hiervan is dat de cursisten zich een tijdje met de woorden bezighouden om ze in het geheugen te kunnen opnemen.
Vervolgoefening: Kopieer de plaatjes en knip ze als kleine kaartjes uit. Noteer de begrippen uit het woordenblok ook op de kaartjes. De kaartjes worden met het plaatje / het begrip naar beneden op de tafel gelegd en de cursisten spelen het spelletje *vind het passende paar*.
Let op: *magnetron* in Nederland, *microgolfoven* in België. Voor *afwasmachine* wordt ook het woord *vaatwasser* gebruikt. Het Nederlandse woord *kast* wordt met *Schrank* (met deurtjes) of *Regal* (zonder deurtjes) vertaald.
Laat de tekst nog eens horen en laat de cursisten de vakjes van de objecten die ze in de luistertekst horen omcirkelen.
Variatie: Laat de cursisten de volgorde waarin de objecten voorkomen aangeven.

d **Doel** *waardeoordeel geven*
Methode *selectief-gedetailleerd luisteren*

Oplossing

In de tekst?	Uitdrukking	☺	☹
✓	Wat stom!		x
✓	Wat heerlijk!	x	
✓	Lekker knus.	x	
✓	Wat naar nou!		x
–	Dat vind ik fijn!	x	
–	Dat past bij me!	x	
–	Dat lijkt me leuk!	x	
✓	Wat een rommel!		x
–	Wat verschrikkelijk!		x
✓	Ik heb er genoeg van!		x
✓	Dat vind ik zo vervelend!		x
✓	Ik word er helemaal gek van!		x

Wijs de cursisten erop dat het heel belangrijk is begrippen die een gevoelswaarde aangeven te kunnen inschatten als ze in een gesprek worden gebruikt. Tegelijktertijd moet je zelf met het gebruik van dergelijke uitdrukkingen natuurlijk altijd voorzichtig zijn. Als niet moedertaalspreker kun je de situatie en de werking van dergelijke uitdrukkingen niet altijd inschatten. Maak aan de hand van een uitdrukking duidelijk hoe je deze bv. woedend, ironisch of met een glimlach kunt zeggen. Vervolgens kiest iedere cursist een van de uitdrukkingen en leest deze op verschillende manieren voor.

e **Doel** *waardeoordeel geven*
Methode *partnergesprek*

Leg de betekenis van de begrippen uit en herinner de cursisten aan de verschillende manieren waarop je ze kunt uiten (zie 2d). Na het oefenen in tweetallen kunnen de kaartjes nog een keer worden gebruikt: geef een cursist een kaartje. Hij maakt daarmee een zin en zegt deze zin tegen een medecursist, bv. *Hé Petra, we hebben nu ook een groot balkon!* Petra reageert daarop met een uitdrukking, bv. *Wat heerlijk!* Dan zegt Petra tegen een derde cursist: *Heb je het al gehoord? Helmut heeft in zijn nieuwe woning nu ook een groot balkon!* Deze derde

cursist reageert daarop met dezelfde uitdrukking als Petra, echter met een andere intonatie, bv. geërgerd omdat hij zelf geen balkon heeft: *Wat heerlijk!?* Indien nodig nog extra woordjes op het bord noteren, bv. *kelder, zolder, terras ...*
Variatie: Kaartjes schudden, een cursist trekt een kaartje, hij formuleert daarmee een zin (bv. *De flat heeft geen logeerkamer.*) en de andere cursisten reageren daarop.

3 Ik vind dat huis het mooist.

a **Doel** *oefenen vergelijkingen / woordenschat: woningen*
Methode *partnergesprek*

Om de cursisten aan het spreken te krijgen kun je duidelijke opgaven formuleren. Zo kan bijvoorbeeld een groepje van twee cursisten zich bezig gaan houden met het aantal kamers, een ander tweetal met de prijzen, weer een ander paar met de oppervlakte etc. De groepjes presenteren hun resultaten aan de groep en schrijven ze op het bord. Herhaal eventueel vooraf m.b.v. lesboek bladzijde 25 resp. met het overzicht van de grammatica de vergelijkende en overtreffende trap van adjectieven.
Ga nog niet dieper op *rieten dak* in, alleen als nieuw woord voorstellen. Bespreek eerst de nieuwe woordenschat en de afkortingen. Laat de cursisten hun vermoedens in het Nederlands uiten. Vergelijk daarna de woningen (herhaal de voor Duitstaligen ongewone fomuleringen van vergelijkingen: *groter dan → größer als / net zo groot als → gleich groß wie*).

b **Doel** *toepassen op de eigen situatie*
Methode *partnergesprek*

Attendeer de cursisten erop dat ze eerst de naar hun mening relevante aspecten moeten noteren. Pas daarna vergelijken de cursisten met hun buren. Laat ze de overeenkomsten en verschillen aan de groep vertellen. Vooraf eerst als herhaling begrippen en zinnen op het bord verzamelen: *Voor mij is het belangrijk, dat ... / Ik hoef geen ... etc.*
Variatie: Een woning uit de advertenties laten zoeken en met de eigen woning vergelijken.

c **Doel** *relevante informatie vinden*
Methode *selectief-gedetailleerd luisteren en lezen*
Oplossing *bv.:* ***driekamerappartement:*** *niet geschikt, te weinig kamers, geen tuin;* ***het hoekappartement:*** *niet geschikt, vanwege de hond en geen tuin;* ***2-onder-1-kap:*** *geschikt;* ***eensgezinswoning:*** *geschikt;* ***tussenwoning:*** *geschikt;* ***boerderij:*** *geschikt, maar zeer groot voor 2 personen.*

Laat ter voorbereiding de luistertekst uit opgave 2 nog een keer horen. De cursisten noteren wat voor de twee sprekers belangrijk is. Vraag de cursisten naar het antwoord op de vraag in de opgave waarom ze bepaalde woningen hebben gekozen, of waarom bepaalde woningen niet geschikt zijn.

4 Ik wil graag meer informatie over de woning hebben.

Doel *herhaling vraagwoorden, nieuwe woordenschat: huisdieren*
Methode *invuloefening*
Oplossing **1.** *Wanneer;* **2.** *Hoe;* **3.** *Wat;* **4.** *Hoeveel;* **5.** *Waar;* **6.** *Welk.*

Als er behoefte aan is eventueel dieper ingaan op het thema huisdieren. *Heb je een hond? Heb je wel eens een cavia gehad?*
Let op: Alleen de imperfectumvormen van *zijn* en *hebben* zijn tot nu toe besproken → liever korte antwoorden laten geven (presens, perfectum en imperfectumvormen *had, was*).
Vervolgoefening: Rollenspel → makelaar belt belangstellenden op en ze maken een afspraak om de woning te bekijken.

5 Wat een mooie bank is dat!

a **Doel** *woordenschat: inrichting*
Methode *ontdekkend leren (a.h.v. plaatjes) / toepassen op de eigen situatie*
Oplossing A1, B11, C8, D2, E3, F7, G5, H6, I9, J10, K13, L4, M14, N12.

Hier nog niet dieper ingaan op de adjectieven die materiaal beschrijven. Die worden in opgave 5c besproken! Woordenschat verder automatiseren, bv. met een doorgeefspelletje: Cursist 1: *In mijn woning heb ik een bed.* Cursist 2: *Hans heeft in zijn woning een bed en ik heb in mijn woning een kapstok.* Cursist 3: *Hans heeft in zijn woning een bed, Claudia een kapstok en ik heb in mijn woning een klerenkast enz.*
Let op: *gemakkelijke stoel* in Nederland, *de zetel* in België.

b **Doel** *relevante informatie begrijpen*
Methode *selectief luisteren*
Oplossing *kapstok (G), metalen kast (C), bank (F), bijzettafeltje (B), zilveren fotolijstje (M), klerenkast (H), bed (A), nachtkastje (I), klerenkast (H) – klerenkast wordt twee keer genoemd.*

c **Doel** *onveranderlijke adjectieven*
Methode *ontdekkend leren*
Oplossing *metalen, leren, houten, kunststof, zilveren.*

Mogelijkheid 1: als luisteropgave geven (dictee) en daarna op het grammaticablokje ingaan. **Mogelijkheid 2:** eerst het grammaticablokje bespreken (ook de betekenis van de woorden). Vervolgens proberen de cursisten op basis van hun herinnering en de logica de ontbrekende woorden in te vullen en controleren daarna met behulp van de luistertekst.
Laat de cursisten zich de nieuwe woordenschat uit de dialoog eigen maken en oefenen. Dit kan op verschillende manieren. Bv.: *Wat staat er in de gang? Wat staat er in de woonkamer?* etc. Of: Geef de Duitse vertaling van nieuwe woorden en laat de cursisten de Nederlandse vertaling ervan zoeken. Of stel vragen als: *Wat voor een nieuwe bank hebben ze?* → *een mooie leren bank; Wat voor een bank hadden ze eerst?* → *een roze houten slaapbank; Wat voor fotolijstjes hebben ze op de rommelmarkt gevonden?* → *zilveren fotolijstjes.*
Opmerking illustratie: Huizen zijn in België over het algemeen groter dan in Nederland.

d **Doel** *toepassen op de eigen situatie*
Methode *partnergesprek / groepsgesprek*

Deze oefening kan worden gedaan in de vorm van een korte "spreekbeurt", als partnerinterview of als rollenspel aan de hand van de dialoog.

6 Wat lelijk!

a **Doel** *woordenschat: zich distantiëren van zijn eigen uitspraak*
Methode *partnergesprek*

Hier moet in ieder geval eerst nog iets uitgelegd worden! De tekstballonnetjes moeten gespeeld worden en de uiting moet dan passend "ingekleurd" worden. Niet te sterk, zodat het niet te ironisch werkt ...

b **Doel** *transfer*
Methode *interview*

Allereerst ervoor zorgen dat de woordenschat bij alle cursisten bekend is. Bij groepen met langzamere cursisten vervolgens de vragen gemeenschappelijk formuleren (vragen over de objecten en de vragen in welke kamers zich de objecten bevinden). Belangrijk bij dergelijke opgaven: De cursisten mogen steeds één andere cursist een vraag stellen en daarna gaan ze naar de volgende cursist. Laat de cursisten een plattegrond van hun eigen woning tekenen met de belangrijkste meubels. Daarna laten ze de tekening aan de anderen zien en vertellen over hun woning.

7 Taak: een advertentie

De advertenties worden in het lokaal opgehangen en de cusisten bekijken ze in groepjes van twee en vergelijken de advertenties.
Variatie: Ieder paar geeft zijn advertentie aan een ander paar. Na een leesfase stellen de paren de droomwoning aan de groep voor.

Leuk. Lezen!

1 **Doel** *voorbereiding op het lezen*
Methode *vooraf vragen hoe de cursisten hun woonstijl inschatten*

Attendeer de cursisten op het feit dat er ook bij het lezen in de moedertaal (op zijn minst onbewust) al voor het lezen vele processen in het hoofd aan de gang zijn. Nog voor je begint, zoals bijvoorbeeld op deze twee bladzijden met een quiz over woonstijlen, worden verbindingen in de hersenen geactiveerd. Met deze opgave worden deze normaal gesproken onbewuste processen bewust in een bepaalde richting gestuurd. Daardoor wordt men op het lezen voorbereid en het leesproces ondersteund.

2 **Doel** *inschatten eigen woonstijl*
Methode *intensief lezen*

3 **Doel** *relevante informatie vinden*
Methode *selectief lezen*
Oplossing *juist: 2, 4.*

4 **Doel** *relevante informatie vinden*
Methode *selectief lezen*
Oplossing *klassiek: A, landelijk: B, modern: C, retro: D.*

Centraal bij deze oefening staat de argumentatie voor de keuze. Daarvoor moeten de teksten preciezer worden gelezen en de woordenschat en uitdrukkingen actief worden gebruikt.

5 **Doel** *training adjectieven*
Methode *invuloefening*
Oplossing **1.** *marmeren;* **2.** *klassieke;* **3.** *gekozen;* **4.** *katoenen;* **5.** *ervaren;* **6.** *aanbevolen;* **7.** *gouden, paarse, zwarte;* **8.** *aluminium, glazen.*

6 **Doel** *toepassen op eigen situatie / beschrijven woonstijlen*
Methode *groepsgesprek*

Knip plaatjes over het thema wonen uit een tijdschrift, catalogus of reclameblaadje.Laat de cursisten vertellen wat ze daar zien en bij welke stijl de inrichting hoort.

Leuk. Luisteren!

1 **Doel** *voorbereiding op het lezen*
Methode *activeren woordenschat: kamers in de woning*

Herhaal samen met de cursisten de namen voor de kamers en de preposities die voor de plaatsaanduiding gebruikt kunnen worden: *naast, rechts, links, van, bij, onder* etc.

2 **Doel** *voorbereiding op het lezen*
Methode *groepsgesprek*

Laat de cursisten ook argumenten voor hun mening over het huis geven. Verzamel voordat er met het luisteren begonnen wordt op het bord meningen van de cursisten: Waarover gaat het hier in de luistertekst vermoedelijk? Bv. *Housewarmingparty* etc.

3 **Doel** *relevante informatie begrijpen*
Methode *luisteren*
Oplossing *slaapkamer, badkamer, logeerkamer, woonkamer, werkkamer, keuken.*

Deze opgave kan op twee manieren worden gemaakt: 1. de kamers noteren in de volgorde waarin ze worden genoemd; 2. de kamers noteren waarin de personen zijn. Eventueel kun je deze beide methoden ook over twee groepen verdelen. Het verschil tussen de twee methodes: De personen bevinden zich eerst in de slaapkamer, het woord *slaapkamer* wordt echter niet uitgesproken. Bespreek na het luisteren om wat voor een soort tekst het hier gaat. (*Een hoorspel*).

4 **Doel** *uitdrukkingen begrijpen*
Methode *selectief-gedetailleerd luisteren*
Oplossing **1.** *Wat is er?* **2.** *Zie je wel!* **3.** *Voorzichtig!* **4.** *Goed idee!* **5.** *Weer niets.* **6.** *Oh, kijk nou!*

Hier wordt met de tekst verder gewerkt (net als bij de rubriek *Aan de slag met de tekst* bij *Leuk! Lezen!*). Bij de uitdrukkingen gaat het om handige woorden en zinnen die je bij het spreken kunt gebruiken. De cursisten moeten ze als dictee zien en noteren.

5 **Doel** *toepassen op eigen situatie*
Methode *groepsgesprek*

Let op: Het imperfectum is nog niet besproken, met uitzondering van de vormen van zijn en *hebben*. Daarom moeten de cursisten het perfectum gebruiken.

Kort en bondig

Oplossing **Partizipien als Adjektive:** *renoveren → het gerenoveerde hoekappartement; toestaan → de toegestane huisdieren.* **Unveränderliche Adjektive:** *een gouden kandelaar, de gouden kandelaar; een tweedehands slaapbank, de tweedehands slaapbank; een eerstejaars studente, de eerstejaars studente; een roze / lila slaapbank, de roze / lila slaapbank; een te huur aangeboden bungalow, de te huur aangeboden bungalow; een zelfgebakken appeltaart, de zelfgebakken appeltaart.* **Wiederholung:** *goedkoper dan; meer ... dan; het grootst.*

Voor beroep en praktijk: een nieuwe baan

1 Ik kom voor een sollicitatiegesprek.

a **Doel** *voorbereiding op het luisteren*
Methode *verbindingsoefening*
Oplossing *1A, 2B, 3C.*

b **Doel** *voorbereiding op het luisteren / woordenschat*
Methode *verbindingsoefening*
Oplossing *1a, 2c, 3d, 4b.*

Vraag de cursisten van wie welke zin kan zijn: *Ik wil meer vakantiedagen hebben.* (werknemer); *We hebben dit jaar een goede omzet gehaald.* (directeur); *De volgende afdelingsvergadering vindt plaats op maandag.* (afdelingsmanager); *Bij het sollicitatiegesprek zijn de directeur, de afdelingsmanager en ik aanwezig.* (personeelschef). Cursisten die snel leren kunnen de zinnen ook zelf formuleren.
Opmerking: In het Nederlands worden meestal alleen de mannelijke beroepsbegrippen gebruikt, ook als een vrouw het beroep uitoefent.

2 Werkt u ...?

a **Doel** *zinnen voor een sollicitatiegesprek*
Methode *ontdekkend leren*
Oplossing ***werkgever:** 1, 3, 4, 5 (evt. ook 7); **werknemer:** 2, 6, 7, 8.*

b **Doel** *training zinnen voor een sollicitatiegesprek*
Methode *partnergesprek*

3 Is het een tijdelijk contract?

a **Doel** *relevante informatie begrijpen*
Methode *globaal luisteren*
Oplossing ***1.** tussen twee vriendinnen; **2.** goed humeur.*

b **Doel** *relevante informatie begrijpen*
Methode *gedetailleerd luisteren*
Oplossing **1.** *met een vraag over het weer en de reis;* **2.** *5 miljoen;* **3.** *België en Frankrijk;* **4.** *tweetaligheid en ervaring met acquisitie;* **5.** *vaste baan;* **6.** *een maand.*

Vraag de cursisten – in het Nederlands – naar de verschillen in de proeftijden. Hoe lang hebben / hadden ze zelf een proeftijd? Hoe lang was de proeftijd waarover in de tekst wordt gesproken? Ingaan op de uitdrukking *Hier heb ik gelijk op ingehaakt.* Hoe zouden de cursisten de uitdrukking in het Duits vertalen? Kennen de cursisten synoniemen voor *gelijk*? (*meteen, direct, onmiddellijk*).

4 Ik ben al alle afdelingen langs geweest.

a **Doel** *voorbereiding op het luisteren, herhaling: plaatsaanduidingen*
Methode *information-gap-opgave*
Oplossing *De verschillen: Bij A staat een plant op het bureau en er ligt een notitieboekje. Bij B ligt er een mobiele telefoon op het bureau. Het aantal lades is verschillend: bij A zijn het er 2 en bij B 3. De prullenbak bij A is vierkant en bij B rond.*

b **Doel** *relevante informatie begrijpen*
Methode *gedetailleerd luisteren*
Oplossing **1.** *best vermoeiend;* **2.** *heel leuk;* **3.** *een bloemetje;* **4.** *bij het raam / uit op het groen;* **5.** *6 personen;* **6.** *lekkere bakker.* *Het bureau op plaatje A is van Nelly, omdat er een plant staat.*

Vraag de cursisten hun werkkamer / kantoor / werkplek te beschrijven.

5 Ik werk in een kantoortuin.

a **Doel** *uitdrukkingen bezigheden op kantoor*
Methode *verbindingsoefening*
Oplossing *aan de onderkant op het plaatje van links naar rechts: 3, –, 1, 9; aan de bovenkant op het plaatje boven van links naar rechts: 7, –, 2, 6, 5; op het plaatje linksonder: 8, 4.*

Motiveer de cursisten om eventueel door middel van het uitsluiten van zinnen tot de oplossing te komen. Wijs de cursisten op het feit dat er twee vakjes leeg blijven.

b **Doel** *training uitdrukkingen bezigheden op kantoor*
Methode *groepsgesprek*

Hier kunnen de cursisten de vorm *aan het... zijn* oefenen (*We hadden de hele tijd zon! → Dat zegt de man, die koffie aan het drinken is.*) Bespreek voor het begin deze vorm. De cursisten kunnen hun zinnen ook op kaartjes schrijven. Deze kaartjes worden opgehangen en de cursisten gaan met hun boeken in de hand per paar naar de kaartjes en uiten hun vermoedens.
Vervolgoefening: Voorwerpen in kleur, vorm, materiaal en plaats laten beschrijven (pas op: woordenschat voor kledingstukken is nog niet bekend!). Of: Je beschrijft de illustratie en maakt daarbij zeven fouten, de cursisten luisteren en moeten uitvinden wat niet klopt.

Ik heb niets om aan te trekken!

Les 3

1 Ik draag het liefst een spijkerbroek.

a **Doel** *woordenschat: kleding*
Methode *ontdekkend leren (a.h.v. plaatjes)*
Oplossing *1j, 2b, 3a, 4c, 5d, 6e, 7h, 8i, 9g, 10f.*

Oefen de nieuwe woordenschat goed, bijvoorbeeld met een variant op het spelletje *Ik ga op reis en ik neem mee...*: *Ik ga naar de winkel en ik koop...* De cursisten herhalen steeds de woorden van de andere cusisten in de goede volgorde en voegen aan het einde nog een nieuw woord toe. Of foto's en woorden kopiëren en op kaartjes plakken om daarmee vervolgens *vind het passende paar* te spelen. In groepen met cursisten die snel leren kan de woordenschat ook worden uitgebreid: *de (strop)das, de sok, de panty, de pyjama, het vest.* In de winter kun je ingaan op kledingstukken die typisch voor dit jaargetijde zijn (*de muts, de sjaal, handschoenen*), in de zomer op zomerkleding als *het zwempak / het badpak, de bikini, de zwembroek, de korte broek* e.d. Eventueel kunnen de cursisten ook een indeling naar zomer- en winterkleding maken.

b **Doel** *training woordenschat kleding*
Methode *groepsgesprek*

Deze oefening kan uitgebreid worden met vragen als: *Welke cursist draagt vandaag een overhemd? Wie heeft een rok aan?* Hier echter nog niet een algemene beschrijving van de kleding van de cursisten (laten) geven!

c **Doel** *woordenschat: patronen*
Methode *groepsgesprek*

Herhaal de kleuren, denk ook aan toevoegingen als *donker* (bv. *donkerblauw*) en *licht* (bv. *lichtblauw*). Gebruik de kleuren bij de oefening.

d **Doel** *training woordenschat kleding / patronen*
Methode *partnergesprek / groepsgesprek*

Motiveer de cursisten elkaar vragen te stellen en vergelijk daarna hun antwoorden in de groep. Met de snel lerende cursisten kan het vergelijken worden geoefend, bijvoorbeeld: *Ik vind een gestreept overhemd mooier dan een geruit overhemd.* De eigen kleding kan ook met die van de plaatjes worden vergeleken.

2 Ik draag nooit een hoed.

a **Doel** *woordenschat: accessoires*
Methode *ontdekkend leren (a.h.v. plaatjes)*
Oplossing *1g, 2a, 3f, 4h, 5b, 6d, 7c, 8e.*

In groepen met cursisten die snel leren kunnen nog woorden toegevoegd worden, bijvoorbeeld *de ring, de oorbel, de armband.* Automatiseer de woordenschat.

b **Doel** *toepassen op de eigen situatie*
Methode *groepsgesprek*

Vraag de cursisten spontaan welke accessoires ze zelf ook hebben, of toevallig vandaag bij zich hebben. Of de cursisten bereiden zich voor en vertellen dan ongeveer 2 minuten welke accessoires ze zelf dragen, bij welke gelegenheden, hoe vaak enz.

c **Doel** *woordenschat: schoenen*
Methode *ontdekkend leren (a.h.v. plaatjes) / toepassen op de eigen situatie*

Laat de cursisten hier de enkelvoudsvormen van de woorden geven. Ga in op het verschil tussen *(zich) aankleden* (jezelf aankleden) en *aantrekken* (een kledingstuk), dit is belangrijk, omdat dit in het Duits allebei met *(sich) anziehen* vertaald kan worden! In groepen met cursisten die vlot leren kan ook nog het woord *pumps* toegevoegd worden en kunnen vragen gesteld worden als: *Hoeveel schoenen heb je? Welke kleur heb je het liefst? Zoek je riem, schoenen en sokken wat betreft kleur passend bij elkaar uit? Bij welke gelegenheid draag je welke schoenen?*

3 Wat heeft hij nou aan?

Doel *training woordenschat kleding / patronen / accessoires / schoenen / kleuren*
Methode *partnergesprek*
Oplossing ***man:*** *gestreept overhemd, grijze trui, zwarte riem, spijkerbroek, zwarte veterschoenen;* ***vrouw:*** *gestreepte jurk, witte sjaal, ketting, hoed, zwarte schoenen met hoge hak.*

Begin met de twee mensen van de foto, daarna kan de oefening uitgebreid worden door in te gaan op de cursisten. Bijvoorbeeld als spel: de cursisten bekijken elkaar in groepjes van twee, draaien elkaar dan de rug toe en schrijven op wat de andere cursist aan heeft. Ook kunnen uit tijdschriften foto's van prominente personen worden geknipt, opgehangen en vervolgens lopen de cursisten daar langs en beschrijven wat de prominenten dragen.

4 Hebt u deze ook een maatje kleiner?

a **Doel** *zinnen voor een verkoopgesprek*
Methode *ontdekkend leren*
Oplossing ***klant:*** *5, 6, 7, 8, 9, 10, evtl. 13;*
verkoper: *1, 2, 3, 4, evtl. 6, evtl. 9, 11, 12, 13, 14.*

De cursisten kruisen eerst zelf aan wie wat zegt, de controle volgt dan gezamenlijk in de groep. De zinnen moeten geautomatiseerd worden. Dit kan door de cursisten de zinnen op het bord of op papier in de volgorde te laten zetten waarin ze normaal gesproken in een verkoopgesprek worden gebruikt.

b **Doel** *training zinnen voor een verkoopgesprek*
Methode *invuloefening*
Oplossing **1.** *kan ik u helpen?* **2.** *Welke maat heeft u?* **3.** *deze mooier dan die.*
4. *Die is jammer genoeg te groot.* **5.** *Ja, die is afgeprijsd.*
6. *Kan ik pinnen of chippen?*

Iedere cursist vult eerst alles zelf in. Daarna kan hij / zij de dialoog met een andere cursist voorlezen, waarbij de een de rol van de verkoper neemt en de ander de rol van de koper. Op deze wijze kunnen de antwoorden alvast gecontroleerd worden.

c **Doel** *zich eigen maken van zinnen voor een verkoopgesprek*
Methode *gedetailleerd luisteren; controle antwoorden*

Luister naar het verkoopgesprek en laat de cursisten hun antwoorden controleren. Nog een keer laten horen om de cursisten specifiek op de uitspraak te laten letten. De uitspraak kan geoefend worden door twee cursisten de dialoog nogmaals samen te laten lezen.

d **Doel** *training verkoopgesprek*
Methode *rollenspel*

De cursisten creëren zelf een dialoog. Vervolgens kan ter afsluiting van de oefening over de koopgewoontes van de cursisten worden gesproken. *Hoe vaak koop je kleding? Let je op koopjes / aanbiedingen? Koop je het liefst merkkleding? Waar koop je je kleding het liefst? Hoe belangrijk is mode voor jou? Koop je op vakantie / in het buitenland ook kleren?*

5 Ik ben vergeten een ... te kopen.

Doel *herhaling woordenschat kleding, accessoires, schoenen, kleuren / patronen*
Methode *partnergesprek*
Oplossing ***Op Ilona's lijstje stond:** gestippelde rok, effen bloes, sandalen en een ketting. **Ze heeft gekocht:** een gestreepte bloes (€ 45), een ketting (€ 18), een effen rok (€ 75), zwarte laarzen (€ 180).*
***Op Markus' lijstje stond:** spijkerbroek, zwarte riem, gympen en een colbert. **Hij heeft gekocht:** een grijze hoed (€ 35), een bruin colbert (€ 200), een broek (€ 140) en bruine veterschoenen (€ 130).*

Bereid deze information-gap oefening goed voor door de cursisten te vertellen hoe deze oefening functioneert. De ene cursist kijkt op bladzijde 31 en ziet het lijstje van Markus en de tekening van Ilona, waarop je kunt zien wat zij heeft gekocht en hoeveel het heeft gekost. De andere cursist kijkt op bladzijde 98 en ziet daar het lijstje van wat Ilona wilde kopen en de tekening van Markus waarop je kunt zien wat hij heeft gekocht en hoeveel alles bij hem heeft gekost. De opdracht is uit te vinden welke kledingstukken (daarbij ook op kleur en patroon letten!) Ilona en Markus hebben gekocht, hoe duur ze waren en welke kledingstukken of accessoires ze zijn vergeten of welke ze hebben gekocht die niet op het lijstje stonden. **Vervolgoefening:** Voor cursisten die snel leren kan de oefening worden uitgebreid door hen te vragen welke kledingstukken ze mooi vinden, welke niet. En wie heeft meer geld uitgegeven?

6 Ik ben een herfsttype.

a **Doel** *woordenschat haar, baard en ogen*
Methode *ontdekkend leren a.h.v. plaatjes*

Deze oefening kan eventueel worden uitgebreid door de cursisten de leeftijd van de getekende personen te laten schatten. Of door de cursisten het haar en de kleur van de ogen van andere cursisten te laten beschrijven.

b **Doel** *relevante informatie begrijpen*
Methode *selectief lezen*
Oplossing ***Casper:*** *herfsttype;* ***Marije:*** *lentetype;* ***Dana:*** *zomertype;* ***Tom:*** *wintertype.*

Laat de cursisten in groepjes van vier werken. Iedere cursist leest in zijn groepje de beschrijving van een kleurtype voor. Vervolgens bepalen de cursisten in hun groepje welk kleurtype de afgebeelde personen zijn. De gegevens van de groepjes worden aan de complete groep gepresenteerd. De cursisten leggen hierbij ook uit waarom ze voor welke kleurtypes hebben gekozen. Zolang de argumentatie daarvoor goed is, kunnen hun antwoorden eventueel ook iets afwijken van de hier gegeven oplossing.

c **Doel** *toepassen op de eigen situatie*
Methode *partner- of groepsgesprek*

De cursisten kunnen voor zichzelf bepalen welk kleurtype ze zijn, maar ze kunnen dit ook in groepjes van twee doen en vertellen in de groep waarom ze welk kleurtype zijn. Een andere mogelijkheid, voornamelijk in iets grotere groepen: de cursisten van hetzelfde kleurtype gaan bij elkaar staan en vergelijken in hun groepje welke overeenkomsten en welke verschillen ze hebben.

7 Ik loop te winkelen.

a **Doel** *context bepalen*
Methode *globaal luisteren*
Oplossing *A3, B4, C2, D1.*

Het gaat hier om een heel bijzondere opgave die ook met humor gezien moet worden, maar toch ook weer niet al te makkelijk is. Bereid daarom de oefening goed voor. Geef de cursisten eerst de tijd om de foto's in alle rust te kunnen bekijken. Snel lerende cursisten kan gevraagd worden wat ze op de foto's zien, om wat voor een verhaal het hier zou kunnen gaan en in welke volgorde de plaatjes gezet moeten worden. Zeg de cursisten voor het luisteren dat ze gebruik kunnen maken van alles wat ze horen: wat zeggen de personen, hoe zeggen ze het, om wat voor een situatie gaat het hier, hoe verandert de stemming e.d. Laat de tekst een paar keer horen. De cursisten bespreken eerst in tweetallen wat de mogelijke antwoorden kunnen zijn, luisteren dan nog een keer en vergelijken hun antwoorden met de groep.
Variatie: De boeken blijven dicht. De cursisten krijgen de opdracht te begrijpen wat er in de luistertekst gebeurt. Laat vervolgens de tekst horen. Daarna doen de cursisten hun boek op bladzijde 32 open en zetten de foto's in de goede volgorde. Laat ten slotte de tekst nog eens horen om te controleren of die volgorde klopt.

b **Doel** *relevante informatie begrijpen, constructies "bezig zijn met", "staan te + infinitief"*
Methode *selectief luisteren*
Oplossing **1.** *fout, Charlotte telefoneert;* **2.** *goed;* **3.** *goed;* **4.** *fout, Charlotte schreef een SMS;* **5.** *fout, de telefoon zit in haar tas.*

Bespreek het gele grammaticablok, laat de tekst nog eens horen en de cursisten kruisen aan wat juist is. Vervolgens kunnen de cursisten op volgende wijze de actieve vormen van de grammatica oefenen: Schrijf op kaartjes verschillende activiteiten (bv. telefoneren, naar muziek luisteren, boek lezen, brief schrijven, nadenken, televisie kijken e.d.). Iedere cursist neemt een kaartje. De eerste cursist vraagt aan de volgende: *Wat ben jij aan het doen?* De tweede cursist laat in de vorm van pantomime zien wat hij op dat moment doet (nl. dat wat op het kaartje staat). De eerste cursist uit zijn vermoeden:

Oh, zit jij een brief te schrijven?, de tweede cursist zegt of het klopt of niet. Vervolgens stelt de tweede cursist de vraag aan een derde cursist etc.

c **Doel** *woordenschat stemmingen*
Methode *vermoeden uiten*
Oplossing *bijvoorbeeld:*

	A	B	C	D
Charlotte	pessimistisch	gelukkig, opgelucht		wanhopig
Jos	optimistisch		wanhopig	ongeduldig

Maak duidelijk dat er voor deze oefening niet een eenduidige oplossing is. Gebaren en mimiek zijn zeer individueel en daardoor afhankelijk van de interpretatie die per persoon kan verschillen. Doel van deze oefening is het met de woordenschat bezig te zijn. Het is belangrijk en goed om vermoedens in taal om te kunnen zetten (*ik denk dat...*). Laat de cursisten onbekende woorden zoeken en de andere cursisten vragen of iemand weet wat die woorden zouden kunnen betekenen.

d **Doel** *relevante informatie begrijpen*
Methode *gedetailleerd luisteren; groepsgesprek*
Oplossing *kort bruin haar, bril, spijkerbroek, wit T-shirt, slank; de mensen aan de kassa moeten de politie bellen en de diefstal aangeven.*

Vervolgoefening: Stel meer vragen: *Wat is Charlotte kwijt?* → *Haar portemonnee. Denkt Jos ook meteen dat de portemonnee gestolen is?* → *Nee, hij denkt dat de portemonnee in de tas tussen de rommel van Charlotte zit. Gelooft Jos Charlotte als ze zegt dat de portemonnee gestolen is?* → *Ja. Waaruit blijkt dat?* → *Hij wil meteen naar de kassa en de politie opbellen. Denkt Charlotte dat dat zinvol is?* → *Nee, ze denkt dat dat helemaal geen zin heeft.*
Vervolgoefening: Doorvragen in de cursus: *Ben jij ook vaak iets kwijt? Welke dingen ben je weleens kwijt?*

8 Een goede vriend moet dezelfde humor hebben als ik.

a **Doel** *zinnen en woorden: karaktereigenschappen*
Methode *vragenformulier invullen*

Verklaar de oefening. Dit is een vragenlijstje over vriendschap, de werkwoorden staan links in het blauw, rechts boven wat je moet invullen. De cursisten beantwoorden eerst zelf de vragen vanuit hun eigen perspectief en vullen hun antwoorden onder *ik* in.

b **Doel** *training zinnen en woorden karaktereigenschappen*
Methode *partnerinterview*

In groepen met langzaam lerende cursisten kunnen eventueel voorbeeldvragen op het bord worden verzameld: *Vind jij dat een goede vriend niet arrogant mag zijn? Moet een goede vriend volgens jou....?* De cursisten werken in tweetallen, stellen elkaar vragen en noteren de cijfers. Uiteindelijk in de groep de antwoorden vergelijken – welke overeenkomsten zijn er in de groep? Laat de cursisten zichzelf kort beschrijven.

9 Taak: een modeshow

Ter voorbereiding zinnen en woorden voor de modeshow op het bord verzamelen. Verdeel daarna de groep in twee of drie groepjes, afhankelijk van de groepsgrootte. Per groep worden er drie of vier modellen die de modeshow gaan uitvoeren gekozen. Niet iedereen vindt het namelijk zo leuk om zichzelf voor een groep te presenteren!

Leuk. Lezen!

1 **Doel** *voorbereiding op het lezen*
Methode *verbindingsoefening*
Oplossing *a1, b5, c4, d3, e2, f7, g6.*

2 **Doel** *relevante informatie begrijpen*
Methode *selectief lezen*
Oplossing ***knuffelbeer + ans.breda:** koken en eten graag, leeftijd past, fietsen allebei; **partygirl + DutchDJ:** leeftijd, uitgaan, allebei student; **Ome_Joop** en **OmaStella** passen niet bij elkaar, omdat hij niet meer zo bewegelijk is en niet meer veel uitgaat. OmaStella zoekt een sportieve en fitte man.*

Stel de cursisten verdere vragen. Bijvoorbeeld: *Waarom past knuffelbeer niet bij partygirl?* e.d.

3 **Doel** *uitdrukking "en wie weet"*
Methode *uitdrukking interpreteren m.b.v. context*
Oplossing *Waarschijnlijk bedoelt zij dat daaruit eventueel een relatie zou kunnen ontstaan.*

4 **Doel** *training verbindingswoorden*
Methode *gedetailleerd lezen / invullen en verbinden*
Oplossing **1.** DutchDJ; **2.** OmaStella; **3.** Ome_Joop; **4.** OmaStella; **5.** knuffelbeer; **6.** knuffelbeer. 1e, 2a, 3b, 4f, 5d, 6c.

Maak duidelijk dat de oefening uit twee delen bestaat. Allereerst moeten de namen ingevuld worden. Vervolgens moeten de verbindingswoorden worden ingevuld. Deze verbindingswoorden zijn in de zinnen daarboven blauw gemarkeerd, zodat ook de zinscontext gebruikt kan worden.

5 **Doel** *training verbindingswoorden*
Methode *vertalen*
Oplossing **1.** *aangezien;* **2.** *sinds;* **3.** *omdat;* **4.** *want;* **5.** *indien / als;* **6.** *hoewel;* **7.** *zowel... als ook;* **8.** *mits.*

6 **Doel** *training woordenschat karakter en uiterlijk / toepassen op de eigen situatie*
Methode *tekst schrijven / a.h.v. tekst personen herkennen*

De cursisten geven een beschrijving van zichzelf op een kaartje. Vervolgens worden alle kaartjes door elkaar midden op een tafel gelegd. De cursisten zoeken staande om de tafel gezamenlijk de passende persoon bij de kaartjes en moeten hun keuze ook mondeling beargumenteren. Eventueel van tevoren de zinnen die de cursisten nodig zouden kunnen hebben op het bord inventariseren. (*Dit kan niet ... zijn, omdat ... / Ik denk dat dit de beschrijving is van ... omdat ...*). Past het kaartje niet bij de betreffende cursist, dan wordt het kaartje weer teruggelegd.

Leuk. Luisteren!

1 **Doel** *voorbereiding op het luisteren*
Methode *introductietekst lezen*
Oplossing *De nieuwe kleren van de keizer.*

2 **Doel** *voorbereiding op het luisteren*
Methode *plaatjes in de juiste volgorde brengen*
Oplossing *volgorde b.v.* **1.** *plaatje 3;* **2.** *plaatje 2;* **3.** *plaatje 4;* **4.** *plaatje 1.*

3 **Doel** *relevante informatie begrijpen / controleren*
Methode *globaal luisteren*

4 **Doel** *relevante informatie begrijpen*
Methode *selectief luisteren*
Oplossing **a.** *klopt;* **b.** *klopt;* **c.** *klopt niet, hij stuurt de dienaar;* **d.** *klopt niet, de kleermaakster zegt dat het overhemd van zilverkleurige zijde gemaakt is;* **e.** *klopt.*

5 **Doel** *naspelen van een verhaal*
Methode *rollenspel*

Cursisten die snel leren vertellen het sprookje als verteller in de derde persoon na.
Vervolgoefening: Vragen aan de groep: *Wat is er in het originele sprookje anders?* (daar zijn twee mannelijke kleermakers en op straat roept een jongetje). *Met welke woorden begint een sprookje in het Nederlands en wat is de standaardafsluiting van een sprookje in het Nederlands?* (*Er was eens / en ze leefden nog lang en gelukkig*).

6 **Doel** *spreken over schrijvers*
Methode *(evt. thuis) op internet uitzoeken*
Oplossing *Klaus Mann; Thomas Mann; Joseph Roth.*

Maak bij deze oefening van tevoren duidelijk dat de cursist hier een vermoeden moet uiten. Het gaat er hierbij niet om concreet te vragen wat de cursist weet, deze oefening is veel meer een aanleiding om vrij te spreken. Misschien kan er ook nog een klein project aan worden verbonden: de cursisten onderzoeken of hun lievelingsschrijver in Amsterdam is geweest, daar heeft gewoond of misschien zelfs wel heeft geschreven.
Opmerking: Het is natuurlijk niet uit te sluiten dat ook Elfriede Jelinek tenminste voor een korte tijd in Amsterdam is geweest. Wat Klaus Mann en Jospeh Roth betreft kan echter worden vermeld dat Amsterdam voor hen de plaats was waar zij naartoe zijn gevlucht om aan de vervolging door de nazi's te ontkomen. **Klaus Mann** vluchtte voor de nationaalsocialisten en emigreerde via Amsterdam, Zürich en Praag naar Parijs. Bij uitgeverij Querido in Amsterdam gaf hij het ballingsschapstijdschrift *Die Sammlung* uit. Bij deze uitgeverij verscheen in 1936 ook zijn roman *Mephisto*. Ook na het einde van de Tweede Wereldoorlog verbleef Klaus Mann vaker in Amsterdam. **Joseph Roth**, ook door de nationaalsocialisten vervolgd, is verschillende keren naar Amsterdam gereisd. Enkele van zijn novellen en romans verschenen daar bij de uitgeverij Allert de Lange.

Kort en bondig

Oplossing **staan / zitten / liggen / lopen te + Infinitiv:** *Ik sta te wachten. Ik zit te denken. Ik loop te bellen. Ik lig te slapen.*
Wiederholung: *deze broek / die broek; dit overhemd / dat overhemd; deze T-shirts / die T-shirts.*

Vroeger toen ik klein was ...

Les 4

1 Ik had zo'n geluk!

a **Doel** *woordenschat: geluksbrengers*
Methode *ontdekkend leren (a.h.v. plaatjes)*
Oplossing ***1.** klavertjevier;* ***2.** lieveheersbeestje;* ***3.** vallende ster;* ***4.** mascotje;* ***5.** hoefijzer.*

Vragen stellen om de woordenschat te activeren. Bijvoorbeeld: *Welke geluksbrenger vind jij het mooist? Heb jij zelf ook een geluksbrenger? Heb je hem vandaag bij je? Wanneer neem je hem mee?*

b **Doel** *training woordenschat gelukbrengers*
Methode *selectief luisteren*
Oplossing *vallende ster, klavertjevier.*

c **Doel** *relevante informatie begrijpen*
Methode *selectief luisteren*
Oplossing *1a, 2c, 3d, 4b.*

Om deze vorm te automatiseren kan hiermee een speelse oefening worden gedaan: een persoon zegt een van de vier beginzinnen in de derde persoon (*Toen zij haar woning op internet vond*) en een andere cursist maakt de zin compleet met het ontbrekende gedeelte (*had ze echt geluk*).

d **Doel** *imperfectum*
Methode *ontdekkend leren*
Oplossing *kuste, kusten; maakte, maakten; voelde, voelden; haalde, haalden; had, hadden; was, waren.*

Voor cognitieve leertypes: de cursisten moeten – in het Duits – de regels voor het vormen van het imperfectum beschrijven. Maak bij de bespreking gebruik van *Kort en bondig* op bladzijde 47.

2 Vroeger toen ik klein was ...

Doel *training imperfectum*
Methode *ontdekkend leren*
Oplossing **1.** *woonde;* **2.** *gebeurde;* **3.** *voelde;* **4.** *fietste;* **5.** *maakte;* **6.** *speelde;* **7.** *vertelde;* **8.** *reisden;* **9.** *kenden.*

Let op: Hier worden bewust eerst alleen de zwakke werkwoorden geoefend. In oefening 3 komen dan ook de sterke werkwoorden aan de beurt.

3 Wat is dat lang geleden ...

a **Doel** *voorbereiding op luistertekst*
Methode *vermoedens uitspreken*

b **Doel** *relevante informatie begrijpen / controleren*
Methode *selectief luisteren*
Oplossing *A2, B3, C4; over blijft: 1.*

Deze oefening dient op speelse wijze te worden gedaan. Bij oefening 3a worden vermoedens geuit. Dit wordt in de tegenwoordige praktijk van het taalleren als heel belangrijk gezien (de hersenen activeren en steeds weer tot nadenken animeren). Bij het luisteren komt dan naar voren dat de (voor de hand liggende) vermoedens van 3a waarschijnlijk niet overeenkomen met de luistertekst. Geef de cursisten de opdracht uit te vinden wat er dan niet klopt.
Vervolgoefening: Noteer een paar vragen voor het selectieve luisteren op het bord, bv. *In welk jaar leerden de grootouders elkaar kennen? Waar woonden ze? Hoe oud was de spreekster toen ze naar Spanje ging? Wat heeft ze daar gedaan? Wat voor een soort geluksbrenger heeft ze sindsdien bij zich?*

c **Doel** *herkennen werkwoordstijden / imperfectum modale hulpwerkwoorden*

Methode *onderstrepen en werkwoordstijden benoemen*

Oplossing ***presens:*** *ben, Wil, zijn, is, Laat, Kijk, is, is, zeg, Kijk, weet, is, Kijk, lijkt;* ***imperfectum:*** *waren, vertelde, leerde, trouwden, woonden, wilde, kon, woonden, duurde, Was, woonde, was, maakte, stond, klonk, zat, schreef, luisterde, kwam, moest, mocht, was, was, speelde, ging, waren, kwamen ... aan, was, deed, lagen, dansten, zag, kon;* ***perfectum:*** *heb ... gescand, Ben ... geweest, heb ... gedaan, heb ... leren kennen, heeft ... gegeven, heb ... gedragen;* ***infinitief:*** *doen, zien, kennen, zien, dansen;* ***modale hulpwerkwoorden:*** *kon; moest; mocht; wilde.*

Tip: Voor het onderstrepen van de drie tijdvormen kunnen drie verschillende kleuren worden gebruikt.
Bespreek vervolgens het gebruik van de verschillende tijden. Het imperfectum wordt vooral gebruikt als er een verhaal wordt verteld, dat al iets langer geleden is. Het perfectum wordt gebruik als er nog een verbinding met tegenwoordig is. Ook als inleiding van een verhaal wordt vaak het perfectum gekozen, waarna vervolgens het eigenlijke verhaal in het imperfectum wordt verteld. Belangrijk is wel de cursisten erop te wijzen dat het gebruik van het imperfectum en het perfectum in het Nederlands niet zo duidelijk begrensd is als bijvoorbeeld in het Engels. Het imperfectum wordt in het Nederlands veel gebruikt, dit in tegenstelling tot bijvoorbeeld Zuid-Duitsland of Oostenrijk waar het imperfectum in de spreektaal nauwelijks wordt gebruikt. Wijs de cusisten op het gebruik van *wou / wouden*. Dit is geen officiële vorm van het werkwoord *willen*. In de spreektaal wordt deze vorm vaak gebruikt, maar voor de formele schrifttaal is deze vorm niet geschikt.
Opmerking: De constructie *Ik wilde wel, maar het kon niet zo vaak* is voor Duitstaligen ongewoon. In het Duits wordt in dit geval *es geht / ging* gekozen, wat trouwens in het Nederlands ook mogelijk is.

d **Doel** *training imperfectum*

Methode *invuloefening*

Oplossing **1.** *mocht;* **2.** *zat;* **3.** *schreef;* **4.** *klonk;* **5.** *stond;* **6.** *moest;* **7.** *wilde, kon.*

4 Ik zat bij meester Simon in de klas.

Doel *training imperfectum*
Methode *vebindingsoefening / partnergesprek*
Oplossing *1d, 2c, 3b, 4a.*

Na de controle van de antwoorden worden deze minidialogen geautomatiseerd: een cursist stelt een andere cursist een van de vragen. Deze moet zo snel mogelijk het juiste antwoord geven. Mocht er in de groep behoefte zijn om dieper op de woordenschat rond het thema vrije tijd in te gaan, kunnen hiervoor de woorden op het bord worden geschreven. Bij cursisten die iets langzamer leren kunnen vragen samen met hen geformuleerd worden die vervolgens op het bord worden gezet.

5 Toen ik klein was, kon ik heel goed tekenen.

a **Doel** *training imperfectum hulpwerkwoorden*
Methode *invuloefening / partnerinterview*

b **Doel** *training imperfectum hulpwerkwoorden*
Methode *groepsgesprek*

Eerst vullen de cursisten de antwoorden vanuit hun eigen perspectief in. Vervolgens interviewen ze hun gesprekspartner en ten slotte berichten ze hierover aan de groep.
Vervolgoefening 1: Vroeger en nu met elkaar vergelijken: *Zijn er dingen die je vroeger niet kon, maar nu wel? Wat mocht je vroeger niet doen, maar doe je nu wel?*
Vervolgoefening 2: Een cursist begint met een zin, zijn buurman maakt deze zin af (bv. *Toen ik klein was ... / Toen ik naar huis kwam ... / Toen ik op vakantie was ...*). De buurman formuleert nu zelf een zin en laat deze door zijn andere buurman afmaken.

6 Ik wens jullie veel geluk.

a **Doel** *voorbereiding op luistertekst / relevante informatie begrijpen*
Methode *verbindingsoefening / globaal luisteren*
Oplossing *We speelden samen in de zandbak: B; Maar juffrouw Jeanette hield van alle kinderen: A; Tja, daar sta ik dan. Ik mocht getuige op je bruiloft zijn: C.* ***Volgorde:*** *C-B-A.*

Duidelijk uitleggen dat eerst de letters die bij de plaatjes staan moeten worden ingevuld achter de zinnen daaronder. De onbekende woordenschat in zinnen uitleggen. Tijdens het luisteren moeten de cursisten de volgorde waarin de plaatjes voorkomen aangeven en daarvoor de nummers achter de letters boven de plaatjes zetten.

b **Doel** *toespraak begrijpen*
Methode *globaal lezen*
Oplossing **1.** *Beste Kai ...;* **2.** *Ik ken je ...;* **3.** *Samen naar de basisschool ...;* **4.** *De bril verdween ...;* **5.** *Samen op kamers ...;* **6.** *En nu staan we ...*

c **Doel** *controleren antwoorden*
Methode *gedetailleerd luisteren / lezen*
Oplossing *ontbreekt: ik moet het toegeven; proost jongens.*

d **Doel** *relevante informatie begrijpen*
Methode *gedetailleerd lezen*
Oplossing **1.** *klein, dik en blond;* **2.** *lang en slank;* **3.** *volwassen, trouw, eerlijk en heeft humor;* **4.** *knap, sportief, donker haar.*

Eventueel een extra vraag stellen: *Wat weet je over het karakter van de spreker?*

7 Vroeger droeg ze nooit een rok. Nu wel.

Doel *training imperfectum (thema's beroep, kleding en wonen)*
Methode *partnergesprek*
Oplossing

	beroep	kleding	wonen	beroep	kleding	wonen
Janny	verkoopster	spijkerbr.	flat	secretaresse	rok / bloes	rijtjeshuis
Bert	kelner	spijkerbr. T-shirt	kamer	manager	pak / overhemd	boerderij
Sarah	lerares	effen jurk	huis	kunstenares	bonte jurk	woonboot
Marco	student	oude spijkerbr.	stud. huis	advocaat	pak	grachtenpand

Bespreek voordat de cursisten de oefening gaan doen de zinnen die in het blauwe blokje staan. Zo kunnen de cursisten zonder problemen de spreekoefening in groepjes van twee zelf doen.

8 Ik was heel goed in geschiedenis.

Doel *zinnen in imperfectum begrijpen*
Methode *aankruisen / quiz*
Oplossing *juist: 1, 5, 6.*

Wijs de cursisten op het feit dat het hier niet om hun historische kennis gaat, maar meer om de omgang met geschiedenis en taal. Het is daarom niet belangrijk of de cursisten het juiste antwoord weten. Ze moeten de zinnen lezen en bedenken wat zij het waarschijnlijkst vinden.
Opmerkingen: 1: juist. Er heerste ontevredenheid over Koning Willem I die, volgens de mensen uit het Zuiden, teveel macht zou hebben. Het Zuiden moest meer belasting betalen, vanwege schulden uit het Noorden. De onvrede nam toe en leidde uiteindelijk tot de splitsing. **2: niet juist.** De 17e eeuw was de Gouden Eeuw. Door de snelgroeiende handel (Verenigde Oostindische Compagnie, grootste handels- en transportonderneming ter wereld, opgericht in 1602) was Nederland één van de rijkste en machtigtste landen in die tijd. Door de economische groei, kon ook de cultuur opbloeien. Belangrijke schilders uit die tijd: Rembrandt, Vermeer, Steen.
3: niet juist. De Nachtwacht van Rembrandt van Rijn is wereldbe-

roemd. Het schilderij stamt uit 1642. Vincent van Gogh leefde van 1853 tot 1890. Bekende werken van hem zijn zelfportretten, *De zonnebloemen* en de *Aardappeleters*. **4: niet juist.** Tot 1898 was alleen Frans officieel erkend. Tegenwoordig zijn Nederlands, Frans en Duits de drie offciële talen in België. **5: juist.** De duurste tulp, de *Admirael van Enkckhuizen*, werd voor meer dan 5000 gulden verkocht. Vlak daarna stortte de tulpenmarkt in. **6: juist.** In de nacht van 31 januari op 1 februari van het jaar 1953 braken in West-Brabant, Zeeland en op de Zuid-Hollandse eilanden tijdens een heftige storm de dijken. Ongeveer 1800 mensen overleefden het niet, 72000 mensen werden dakloos. Een nationale ramp. Ter voorkoming van een dergelijke ramp in de toekomst werd daarna met de bouw van de Deltawerken begonnen. **7: niet juist.** Het wereldrecord voor de langste duur van een regeringsformatie stond in maart 2011 op naam van België: het land zat toen 310 dagen zonder regering. (Uiteindelijk zijn het 536 regeringsloze dagen geworden). België heeft het record van Irak overgenomen (289 dagen). Daarvoor had Nederland het record met 207 dagen (1977). De hoofdproblemen bij de regeringsformatie in 2010-2011 in België: de begroting en de sociaaleconomische hervormingen.

9 Taak: een quiz

De quiz kan natuurlijk ook over historische gebeurtenissen uit het eigen land gaan. Dan moet de quiz met de relevante woordenschat worden voorbereid. De cursisten moeten van tevoren besluiten voor wie de quiz is, wat het thema is etc.

Leuk. Lezen!

1 **Doel** *voorbereiding op het lezen*
Methode *voorkennis activeren*
Oplossing *B: Curaçao ligt voor de kust van Venezuela.*

2 **Doel** *voorbereiding op het lezen: woordenschat activeren*
Methode *brainstormen*

3 **Doel** *inhoud van de afzonderlijke alinea's begrijpen*
Methode *globaal-selectief lezen*
Oplossing **1.** *Heerlijke jeugd;* **2.** *Niet braaf;* **3.** *Nooit meer vis;* **4.** *Van school gestuurd;* **5.** *Koud Nederland;* **6.** *Heerlijk eiland.*

4 **Doel** *woordenschat activeren*
Methode *gedetailleerd lezen*

5 **Doel** *relevante informatie begrijpen / gebruik want, omdat oefenen*
Methode *selectief lezen*
Oplossing **1.** *Zij verhuisden naar Curaçao, omdat de vader een goede baan bij Shell kon krijgen / want de vader kon een goede baan bij Shell krijgen.* **2.** *Coos wilde nooit meer vis eten, omdat hij in zijn jeugd al zoveel vis had gegeten / want hij had in zijn jeugd al zoveel vis gegeten.* **3.** *Hij moest naar Nederland, omdat hij door de achterdeur van de schoolbus tijdens het rijden was gesprongen / want hij was door de achterdeur van de schoolbus tijdens het rijden gesprongen.* **4.** *Hij wilde in Nederland nooit meer douchen, omdat het water koud was / want het water was koud.*

6 **Doel** *training imperfectum regelmatige werkwoorden*
Methode *invuloefening*
Oplossing **1.** *speelden;* **2.** *fietsten;* **3.** *kende;* **4.** *verhuisden;* **5.** *maakten;* **6.** *haalde;* **7.** *beloofde.*

7 **Doel** *training imperfectum onregelmatige werkwoorden*
Methode *invuloefening*
Oplossing **1.** *kregen;* **2.** *moest;* **3.** *zeiden;* **4.** *bracht;* **5.** *konden;* **6.** *namen;* **7.** *kon.*

Waarschijnlijk kennen de cursisten het woord *welterusten* niet. Verraad de betekenis (*Gute Nacht*) niet te snel, maar laat de cursisten met de strategieën die ze in A1 hebben geleerd proberen de betekenis van het woord te achterhalen: In welke delen kun je het woord uit elkaar halen (→ wel-te-rusten). Waaraan herinnert het reeds bekende woord *rusten*? (→ rustig). Misschien komt een van de cursisten zo vanzelf op de betekenis van het woord.

8 **Doel** *transfer op eigen situatie*
Methode *vrije spreekoefening*

Vervolgoefening: Schrijf samen met een paar andere cursisten 7 infinitieven van regelmatige werkwoorden uit de tekst op 7 kaartjes. Zoek bij deze 7 regelmatige werkwoorden het imperfectum en schrijf deze op 7 andere kaartjes. Schrijf nu 7 infinitieven van onregelmatige werkwoorden uit de tekst op 7 kaartjes. Schrijf de imperfectumvorm van deze werkwoorden ook op kaartjes. Draai de kaartjes om en speel *Vind het passende paar*. Als je een infinitief omdraait, zeg daar dan de passende vorm van het imperfectum bij en zoek dan het kaartje op de tafel. Vind je een vorm van het imperfectum, zeg dan welke infinitief daarbij hoort. Heb je het passende paar gevonden, maak dan een zin in het imperfectum die bij de tekst past. Je mag de twee kaartjes houden. Wie de meeste kaartjes heeft, heeft gewonnen.

Leuk. Luisteren!

1 **Doel** *voorbereiding op het luisteren*
Methode *voorkennis activeren*
Oplossing *Annie M.G. Schmidt, Aletta Jacobs, Erasmus, Peter Paul Rubens.*

2 **Doel** *tekst in de juiste context plaatsen*
Methode *globaal luisteren*
Oplossing *1: audioguide in een museum.*

3 **Doel** *relevante informatie begrijpen*
Methode *gedetailleerd luisteren*
Oplossing

	Schmidt	**Jacobs**	**Erasmus**	**Rubens**
geboortejaar	1911	1854	1469	1577
sterfjaar	1995	1929	1536	1640
symbool	*typemachine*	*stethoscoop*	*bijbel*	*penseel*

Laat de cursisten ook vertellen waarom een bepaald symbool bij iemand hoort.

4 **Doel** *relevante informatie begrijpen*
Methode *gedetailleerd luisteren / mondeling samenvatten*

Vraag waarom de cursisten voor een bepaalde persoon hebben gekozen. De andere portretten kunnen eventueel als huiswerk worden opgegeven.

5 **Doel** *training imperfectum*
Methode *biografie vertellen: als raadsel presenteren*

Hier is het waarschijnlijk een voordeel wanneer de cursisten zich tot bekende personen uit hun eigen land beperken.

Kort en bondig

Bij de eerste *Let op!*: Soms hebben de werkwoorden wel een verschillende schrijfwijze in het imperfectum enkelvoud en meervoud, maar klinken ze hetzelfde. Bijvoorbeeld: *kneden* / *kneedden* of *antwoorden* / *antwoordden*. Laat de cursisten zelf het imperfectum van *kneden* en *antwoorden* vormen, laat ze zelf de vormen in het enkelvoud en het meervoud geven en vraag ze de woorden uit te spreken. Op deze wijze ontdekken ze zelf het fenomeen.
Vervolgoefening: Laat de cursisten zich de rangtelwoorden eigen maken (herhaling): Schrijf de volgende zinnen op het bord: *Bij de vierde date wist ik het.* / *Net na mijn achttiende verjaardag.* / *Bij de honderste stop waren we er eindelijk.* Laat de cursisten zelf ontdekken hoe het rangtelwoord wordt gevormd. Van 0 t/m 19 krijgt het getal *de* , vanaf 20 krijgt het getal *ste*. Uitzonderingen: *eerste*, *derde* en *achtste*. Na te lezen in het lesboek op bladzijde 107, 5.3.

Voor je studie: studie vroeger en nu

1 Tegenwoordig draag je ...

a **Doel** *relevante informatie begrijpen*
Methode *selectief lezen*
Oplossing **1950:** 3; **1969:** 1; ***tegenwoordig*:** 2.

b **Doel** *training woordenschat kleding / imperfectum*
Methode *gestuurde spreekoefening*

2 Studeren is niet altijd makkelijk.

a **Doel** *relevante informatie begrijpen*
Methode *globaal lezen*
Oplossing *a3, b4, c2, d1.*

b **Doel** *relevante informatie begrijpen*
Methode *gedetailleerd lezen*
Oplossing **1.** *proberen ook de vervelendste werkgroep positief te zien;* **2.** *speciaal verlof van de minister-president;* **3.** *het eerste tentamen liep goed, het tweede niet zo;* **4.** *voor de organisatie en voor het bijhouden van de administratie.*

Verdere vragen: *Waarom is Aard kwaad over zijn tentamen? Welke leerstrategie heb je zelf? Hoe lang duurt de gemiddelde studie in jouw land? Hebben vrouwen na hun studie dezelfde kansen als mannen? Wat trekken de cursisten aan voor een sollicitatiegesprek?* Ga ook in op een negatief studieadvies en wat dit voor de student betekent: Een dergelijk advies moet de student opvolgen. Hij kan dan de opleiding niet hervatten, ook niet aan een andere universiteit die dezelfde toegangseisen heeft.

3 Wat is er toch allemaal veranderd!

a

Doel *relevante informatie begrijpen*
Methode *globaal luisteren*
Oplossing *3.*

b

Doel *relevante informatie begrijpen*
Methode *selectief luisteren*
Oplossing **1.** *ja, ze is tevreden;* **2.** *nee, want ze heeft in het volgende blok drie tentamens, twee presentaties en een werkstage die ze moet voorbereiden;* **3.** *tijdens een college;* **4.** *vroeger kon je langer studeren, had je meer tijd voor andere dingen.*

Ik ga altijd met de trein. Les 5

1 Ik neem het liefst de fiets.

a **Doel** *woordenschat: vervoersmiddelen*
Methode *ontdekkend leren (a.h.v. plaatjes)*
Oplossing *A9, B8, C4, D1, E2, F7, G6, H10, I5, J3.*

b **Doel** *toepassen op eigen situatie*
Methode *partnerinterview*

De cursisten vullen eerst alles voor zichzelf in en vragen daarna hun gesprekspartner. De resultaten worden uiteindelijk aan de groep gepresenteerd en met elkaar vergeleken. Welke vervoersmiddelen worden het meest gebruikt? Welke overeenkomsten en welke verschillen zijn er?
Opmerking: Het gaat er in deze fase alleen om de vervoersmiddelen te benoemen. De cursisten moeten nog niet beginnen hun weg te beschrijven, dat komt later in dit hoofdstuk aan bod.

2 Ik ga het liefst met het openbaar vervoer.

a **Doel** *woordenschat: werkwoorden openbaar vervoer*
Methode *ontdekkend leren*
Oplossing **1.** *neem;* **2a.** *stap;* **2b.** *in;* **3.** *rijd;* **4a.** *stap;* **4b.** *over;* **5.** *uitstappen;* **6.** *neem.*

Ter voorbereiding op de oefening de cursisten nog een keer aan de scheidbare werkwoorden herinneren. Gelukkig zijn de meeste werkwoorden die in het Duits te scheiden zijn dat ook in het Nederlands (*ik stap uit – ich steige aus / ik stap in – ich steige ein*).
Let op: In Nederland zegt men /tremm/, in Vlaanderen /tramm/.

b **Doel** *relevante informatie begrijpen*
Methode *globaal luisteren*
Oplossing *1c, 2b, 3a.*

Vervolgoefening: Geef de cursisten de opdracht alle metrohaltes en -lijnen waarover in de tekst wordt gesproken te markeren.

c **Doel** *relevante informatie begrijpen*
Methode *selectief-gedetailleerd luisteren*
Oplossing *1a, 2b, 3c.*

Schrijf extra vragen op het bord en laat de luisterteksten nog een keer horen. De uitgeschreven luisterteksten zijn op *www.hueber.de/watleuk* → *Kopiervorlagen für Ihren Unterricht* → *Wat leuk A2* te vinden. Mogelijke vragen: *Wat is er met de auto van Iris? Vindt Markus het vervelend om met het openbaar vervoer naar zijn werk te gaan? Wie vertelt de man hoe hij naar het Waterlooplein komt? Is degene die het hem uitlegt vriendelijk? Op welk traject rijden er vandaag geen treinen? En waarom niet?*
Variatie: Laat de cursisten zelf vragen voor hun medecursisten formuleren.

d **Doel** *wegbeschrijving met openbaar vervoer*
Methode *rollenspel*

e **Doel** *toepassen op de eigen situatie*
Methode *spreekoefening*

3 Welke OV-chipkaart heb ik nodig?

a **Doel** *relevante informatie begrijpen*
Methode *selectief lezen*
Oplossing **1.** *wegwerpchipkaart;* **2.** *persoonlijke OV-chipkaart;* **3.** *anonieme of evt. wegwerpchipkaart.*

Voordat de cursisten met bladzijde 52 beginnen het boek gesloten houden en de cursisten uitleggen wat een chipkaart voor het openbaar vervoer (*OV-chipkaart*) is: dat is een kaart met een elektronische chip die in Nederland voor het openbaar vervoer wordt gebruikt. Met deze kaart kun je reizen met de bus, metro, tram en trein. Nadat dit uitgelegd is, kunnen de cursisten hun boeken openen. Leg de leesoefening uit en vervolgens lezen de cursisten de tekst. Nadat de antwoorden gecontroleerd zijn kunnen aan de groep nog vragen worden gesteld. Bijvoorbeeld: *Kent iemand een dergelijk systeem in een ander land? En hoe werkt het openbaar vervoer hier?*

b **Doel** *training verkoop- / verhuurgesprek*
Methode *rollenspel*

4 Wanneer gaat de bus naar ...?

Doel *training gesprek over busreis*
Methode *information-gap-oefening*

Oplossing

Lijn	Bestemming	Vertrektijd	Perron
404	Drachten	16.40 uur	N
50	Assen	16.45 uur	R
305	Emmen	16.45 uur	M
312	Stadskanaal	16.50 uur	Z
81	Leek	16.54 uur	O
659	Zuidlaren	16.15 uur	R

Wijs de cursisten op het feit dat de structuur *kwart voor vijf* vaker wordt gebruikt dan *zestien uur vijfenveertig*. Gaat het om bv. een dienstregeling dan kan echter ook *zestien uur vijfenveertig* worden gebruikt. Laat de cursisten beschrijven wat ze op de plaatjes zien (*twee zitplaatsen in een bus en een bordje van een bushalte*). Vraag of ze ook iets bijzonders aan de stoelen opvalt (*daarop staan mensen afgebeeld voor wie je moet opstaan en je zitplaats moet afgeven, zoals zwangeren, mensen met een wandelstok e.d.*). Vraag voor wie ze zelf zijn opgestaan. En zijn er ook wel eens mensen voor de cursisten opgestaan? Waarom? Hoe worden zitplaatsen voor gehandicapten, oudere mensen, zwangeren e.d. in het land van de cursisten aangegeven?

5 Ik had de bus gemist ...

a **Doel** *relevante informatie begrijpen*
Methode *globaal lezen / luisteren ter controle*
Oplossing **1.** *Met Eric Boersma;* **2.** *Hé Eric ...;* **3.** *Hoi Annabel ...;*
4. *O, ik heb zo'n ...;* **5.** *Jeetje, wat een pechdag zeg!*
6. *Nou zeg dat wel ...;* **7.** *Nou ja, ik ga ...*

De cursisten kunnen de woorden die ze niet kennen onderstrepen. Na het lezen kunnen ze de andere cursisten vragen wat die woorden betekenen. Moedig de cursisten aan de vragen in het Nederlands te stellen en (voor de cursisten die snel leren) in het Nederlands te beantwoorden. Om te controleren of de cursisten alles goed hebben ingedeeld kunnen ze in groepjes van twee de dialoog samen doorlezen.

b **Doel** *voegwoorden oefenen*
Methode *verbindingsoefening*
Oplossing *1b, 2e, 3d, 4a, 5c.*

De cursisten verbinden de zinnen met elkaar. Leg hen daarna uit dat je met behulp van de verbindingswoorden in het verleden kunt uitdrukken of iets tegelijkertijd of juist niet tegelijkertijd gebeurde. Laat de cursisten de verbindingswoorden aan het begin van de zin onderstrepen en bespreek de betekenis van de woorden.

c **Doel** *plusquamperfectum*
Methode *ontdekkend leren*
Oplossing ***eerder:*** *1. opgeladen had; 2. was aangekomen.* ***werkwoordsvormen:*** *had opgeladen; was aangekomen; doen, deed; horen, hoorde; ben gegaan, was gegaan; had, heb gehad, had gehad.*

Vraag de cursisten naar de plusquamperfectumvorm van het werkwoord *zijn*. Dit kunnen de cursisten terugvinden in oefening 5b op bladzijde 53. (Zin 3: *Nadat ze bij de taxi's was geweest ...*).

d **Doel** *toepassen op de eigen situatie*
Methode *vrije spreekoefening*

Laat de cursisten hier vrij vertellen en dwing ze niet het plusquamperfectum te gebruiken, dit wordt ook in het werkboek nog uitgebreid geoefend. Stel de cursisten vragen: *Heb je wel eens een belangrijke afspraak gemist doordat je vertraging met het openbaar vervoer had gehad? Heb je wel eens een vliegtuig gemist? Waarom?* enz.

6 We moeten tanken!

a **Doel** *woordenschat: auto en tankstation*
Methode *ontdekkend leren (a.h.v. plaatjes)*
Oplossing ***tankstation*** *van rechtsboven met de klok mee: i, e, a, f;*
auto *van boven met de klok mee: d, g, h, c, b.*

b **Doel** *gesprekken voeren bij een tankstation / in een garage / op straat*
Methode *verbindingsoefening*
Oplossing *1c, 2a, 3b, 4d, 5e, 6g, 7f, 8k, 9h, 10i, 11j.*

Let op: Het woord *Wegenwacht* bestaat in Vlaanderen niet. Daar heet de hulp voor automobilisten in het algemeen *Wegenhulp*, maar ook *VAB* of *Touring Wegenhulp*.

Om de zinnen te automatiseren kunnen twee cursisten de oefening als volgt doen: de een zegt een van de zinnen links en zijn buurman reageert daarop zo snel mogelijk met de passende zin uit het rechterblok. Vervolgens wisselen zij en begint dit keer de ander.

c **Doel** *gesprek voeren garage / tankstation / straat*
Methode *rollenspel (schriftelijk voorbereiden)*

In een grote groep kunnen de cursisten in tweetallen de dialogen schrijven. Vervolgens werken twee tweetallen samen. Het ene paar speelt de dialoog en het andere paar luistert en kruist aan wat goed of fout is. Vervolgens wisselen de paren van rol.

7 Wat betekent dat bord?

a **Doel** *woordenschat: verkeersborden*
Methode *ontdekkend leren*
Oplossing *1c, 2e, 3a, 4d, 5b.*

Bijzonder moeilijk of verwarrend voor de cursisten is meestal het woord *rechtdoor*. Leg uit wat op de borden staat: *vergunninghouders*, *koopzondag*, H AMC, (H=hospitaal, d.w.z. ziekenhuis. AMC= Amsterdam Medisch Centrum). Vraag de cursisten wat het symbool voor *Zuidoost* betekent (je ziet een bureau met een computer, dus duidt dit waarschijnlijk op een gebied met veel kantoorpanden). Het symbool s 111 geeft een stadsroute aan.
Vervolgoefening: Zoek een bord uit en laat de cursisten in het Nederlands verklaren wat dat bord betekent.
Transferoefening: Laat de cursisten op internet speciale borden zoeken die er in Nederland of België niet zijn en laat ze vervolgens deze borden in het Nederlands uitleggen, bijvoorbeeld aan Nederlandse of Vlaamse toeristen.

b **Doel** *verkeersvoorschriften begrijpen en vergelijken*
Methode *aankruisoefening*
Oplossing **1.** *In B und D verplicht, niet in NL;* **2.** *niet waar: in NL alleen als de alarmlichten niet functioneren, in B und D verplicht;* **3.** *waar: in D verplicht als het winterachtig weer is, aanbevolen van oktober tot Pasen ("O bis O");* **4.** *niet waar: In NL niet, in B moet je ze bij een ongeluk of pech dragen, in D moeten alleen dienstauto's veiligheidsvesten hebben;* **5.** *niet waar: In NL op sommige snelwegen 130 km/h;* **6.** *niet waar: verplicht in B;* **7.** *waar;* **8.** *niet waar: in B mag dat niet, in NL wel, in D verboden;* **9.** *waar: je moet niet links aangeven, het wordt echter in NL in de rijlessen wel zo geleerd, in D is het verboden.*

Maak voor het begin van de oefening duidelijk dat het er niet om gaat alles te weten, dat is nauwelijks mogelijk. De cursisten moeten het eerder speels zien, als een quiz dus. Wie heeft aan het einde de meeste punten?

8 Taak: een foldertje

Informatie voor deze taak kunnen de cursisten voor een deel uit oefening 7 halen. Een paar dingen die verkeerstechnisch anders zijn dan in Nederland en België: in Duitsland bestaan er **milieuzones** (Umweltzonen). Binnen deze zones zijn vignetten verplicht. De **maximumsnelheid** is natuurlijk ook verschillend. In Duitsland is 130 km/h de aanbevolen maximumsnelheid, maar als er niets anders vermeld wordt, is de maximumsnehlheid op de Duitse snelwegen vrij. In Oostenrijk 130 km/h en in Zwitserland 120 km/h. **Winterbanden** zijn in Duitsland verplicht (zie oefening 7), in Oostenrijk tussen 1 november en 15 april bij winterse omstandigheden en in Zwitserland geldt geen wettelijke regeling, maar wordt wel aanbevolen ze te gebruiken. **Gevarendriehoek**: in Zwitserland verplicht, in Oostenrijk en Duitsland ook. **Veiligheidsvesten** zijn in Zwitserland niet verplicht, in Duitsland verplicht voor dienstauto's en in Oostenrijk zijn ze verplicht. **Verbanddoos**: in Oostenrijk verplicht, in Zwitserland niet en in Duitsland wel. **Brandblusser**: is noch in Duitsland, noch in Oostenrijk of Zwitserland verplicht. In Oostenrijk en Zwitserland zijn er veel **tolwegen**. Aangezien deze regels steeds weer kunnen worden veranderd, wordt aangeraden voor de les zelf op internet na te gaan wat de actuele regels zijn!

Leuk. Lezen!

1 **Doel** *voorbereiding op het lezen*
Methode *verbindingsoefening*
Oplossing 1c, 2a, 3d, 4e, 5b, 6h, 7g, 8f, 9i.

2 **Doel** *relevante informatie begrijpen*
Methode *globaal lezen*
Oplossing A4, B5, C6, D1, E2, F3.

De meeste cursisten zullen niet alle plaatsen kennen. Begin daarom met een verklaring over de ligging van de genoemde plaatsen. Dit kan natuurlijk met het kaartje voor in het boek worden gedaan, maar een beschrijving is natuurlijk wat woordenschat betreft ook zeer leerzaam: *ligt in Nederland / België; aan de kust; ten noorden of zuiden van ...; in de provincie Zeeland; in de buurt van ...*

3 **Doel** *relevante informatie begrijpen*
Methode *gedetailleerd lezen / rollenspel*
Oplossing **1.** *Vanaf het Centraal Station rijden tram 2 of 5 (halte Hobbemastraat) en uit andere richtingen de trams 6, 7 en 10 (halte Spiegelgracht). Ook de lijndienstboten stoppen bij het Rijksmuseum;* **2.** *Het vogelpark is tussen Pasen en september geopend van 9 tot 19 uur, tussen oktober en Pasen van 9 tot 17 uur. Tussen november en maart is het park op woensdag gesloten;* **3.** *Het Zwin. Vanaf station Knokke: in de zomer neem je bus 13, in de overige maanden neem je bus 12 richting Oosterhoek. Uitstappen bij halte Het Zwin;* **4.** *Dat gaat niet, omdat de Keukenhof pas op 22 maart opengaat;* **5.** *Je kunt met de trein van Brussel naar Knokke, daar moet je overstappen op bus 13 (in de zomer), in de overige maanden neem je bus 12 richting Oosterhoek.*

Tip: Vorm steeds weer nieuwe groepjes van twee, zodat iedere vraag door verschillende cursisten kan worden beantwoord.

4 **Doel** *training prepositities*
Methode *invuloefening*
Oplossing **1.** *over;* **2.** *behalve;* **3.** *binnen;* **4.** *met uitzondering van;* **5.** *vanaf;* **6.** *Bovendien.*

5 **Doel** *relevante informatie herhalen / samenvatten*
Methode *spreekoefening*

Eventueel moeten de stripfiguren *Smurfen*, *Suske en Wiske*, *Kuifje*, *Nero*, *Lucky Luke* en *Guus Flater* voorgesteld worden. Daarvoor kunnen voorbeelden meegenomen worden.
Variatie: De cursisten schrijven in groepjes van twee over een attractie in hun eigen land voor Nederlandse of Vlaamse toeristen (hiervoor eventueel informatie in het Duits meenemen) en spelen dan deze dialogen.

Leuk. Luisteren!

1 **Doel** *voorbereiding op het luisteren*
Methode *verbindingsoefening*
Oplossing 1f, 2c, 3b, 4h, 5a, 6g, 7e, 8d.

Attendeer de cursisten op het feit dat in dit geval de zinnen rechts verklaringen of beschrijvingen van de zinnen zijn die links staan.

2 **Doel** *voorbereiding op het luisteren*
Methode *invuloefening*
Oplossing **1.** *milieubewust;* **2.** *afhankelijk;* **3.** *erger;* **4.** *goedkoper;* **5.** *flexibelere.*

3 **Doel** *relevante informatie begrijpen*
Methode *selectief luisteren*
Oplossing **Van Geerst:** *auto;* **Van Dorp:** *openbaar vervoer;* **Verstraten:** *auto;* **Visser:** *auto;* **De Coninck:** *fiets en openbaar vervoer.*

4 **Doel** *relevante informatie begrijpen / oefenen verbindingswoorden*
Methode *selectief luisteren / verbindingsoefening*
Oplossing 1d, 2c, 3e, 4a, 5b.

5 **Doel** *toepassen op de eigen situatie*
Methode *spreekoefening: vertel het aan de groep*

Deze oefening lijkt op oefening 1b op bladzijde 50. Het doel is hier dat de cursisten hun keuze ook beargumenteren en voor- en nadelen tegen elkaar afwegen. In grotere groepen is het raadzaam de cursisten in kleinere groepjes in te delen en naderhand aan de gehele groep over de uitkomsten vertellen. In kleinere groepen kan ook iedere cursist apart vertellen.

6 **Doel** *relevante informatie vinden*
Methode *op internet zoeken*
Oplossing *een standaardoplossing kan hier niet gegeven worden, aangezien deze gegevens veranderlijk zijn. Onder "files Europa" vind je meestal m.b.v. een zoekmachine op internet wel een actueel antwoord op deze vraag.*

Kort en bondig

Oplossing **Konjunktionen:** *Mevrouw Van Geerst rijdt niet met de trein, omdat zij een chauffeur heeft. / Mevrouw De Conink heeft geen auto, want het is goedkoper met de fiets te gaan. / Omdat meneer Visser in een dorp woont, kan hij niet met de trein gaan. / Mevrouw Verstraten gaat niet met de trein, want die is overvol.*

Wat is er vanavond te doen?

1 Ik lees iedere dag de krant.

a **Doel** *woordenschat: mediagebruik*
Methode *partnerinterview*

b **Doel** *spreken over mediagebruik*
Methode *groepsgesprek*

Als er meer belangstelling voor dit thema bestaat, ga dan dieper op het thema in. Bijvoorbeeld een statistiek over het aantal uur per medium per week van alle cursisten of over de "apparaten" die de cursisten bezitten e.d.

c **Doel** *media vergelijken*
Methode *voor- en nadelen inventariseren*

Visualiseer de voor- en nadelen in de vorm van een mindmap op het bord.

2 Vanavond komt er een goede film op tv!

a **Doel** *voorkeur voor een programma uiten*
Methode *spreekoefening*

b **Doel** *relevante informatie begrijpen*
Methode *gedetailleerd luisteren*
Oplossing **Aline:** 1, 4, 5, 6, 10, 11, 13, 14; **Marco:** 2, 3, 15; **Frank:** 7, 8.

Bespreek ter voorbereiding op de oefening de afzonderlijke zinnen en uitdrukkingen.

c **Doel** *uitdrukkingen (v.w.b. thema: voorstel) zich eigen maken*
Methode *sorteeroefening*
Oplossing ***voorstel doen:*** *Zullen we er een gezellig tv-avondje van maken? Ik heb wel zin in iets leuks. Wil je ook Antonia kijken? We kunnen ook naar Thuis kijken.* ***voorstel aannemen:*** *Klinkt goed! Ja, leuk! Daar heb ik echt zin in! Doen we!* ***voorstel afslaan:*** *Nee, liever niet. Nee, bedankt! Dat lijkt me echt helemaal niets. Ja, dag! Mooi niet.* ***een tip geven:*** *Die moet je zien! Kan ik echt aanraden.*

d **Doel** *voorstellen doen, aannemen, afslaan m.b.t. tv-programma*
Methode *partnergesprek*

Afhankelijk van de groepsgrootte kunnen de cursisten de oefening in tweetallen of in een grotere groep maken. Eventueel aansluitend daarop proberen in de grote groep tot een gezamenlijke keuze te komen.

3 Wat zullen we vanavond gaan doen?

a **Doel** *het eens worden over een activiteit*
Methode *partnergesprek*

Variatie: Rollenspel met rollenkaartjes: Op ieder kaartje staat aangegeven hoe graag men naar de bioscoop, het theater etc. gaat: 5 sterretjes betekent dat die persoon dat heel graag doet, 1 sterretje dat hij dat helemaal niet leuk vindt.

b **Doel** *programmakeuze meedelen en argumenteren*
Methode *groepsgesprek*

Deze oefening kan uitgebreid worden door uiteindelijk de hele groep tot een besluit voor een gezamenlijke activiteit te laten komen.

4 Ik wil graag twee kaartjes reserveren.

a **Doel** *zinnen bij het thema: reserveren*
Methode *selectief lezen*
Oplossing *A. film De storm; B. film Doodslag; C. concert Golden Earring; D. lezing Maarten 't Hart.*

Vraag de cursisten welke dialogen telefoongesprekken zijn. Herhaal hierbij de standaardzinnen aan het begin van telefoongesprekken, zowel zakelijk als privé.

b **Doel** *training zinnen bij het thema reserveren*
Methode *rollenspel*

5 Vanavond ga ik naar ...

a **Doel** *relevante informatie begrijpen*
Methode *globaal luisteren*
Oplossing *lezing Maarten 't Hart.*

b **Doel** *relevante informatie begrijpen*
Methode *selectief luisteren*
Oplossing 1, 3.

Laat de tekst nog een keer horen. De cursisten moeten dit keer de jaartallen en andere getallen uit de tekst halen. Bereid de cursisten hierbij door middel van vragen op de opgave voor en zet deze op het bord. Bijvoorbeeld: *Wanneer is de schrijver geboren?* (1944); *Wanneer wordt zijn eerste boek uitgegeven?* (1971); *Wanneer komt zijn grote doorbraak?* (eind jaren 70); *Hoeveel exemplaren worden er van het boek "Een vlucht regenwulpen" verkocht?* (na een jaar al meer dan 100.000).

c **Doel** *voltooid tegenwoordige toekomende tijd (Futur II) en passieve vorm*
Methode *gedetailleerd luisteren en lezen / ontdekkend leren*
Oplossing *zal ... vergeten; zal ... hebben gezet; zult ... gehoord hebben; werden bekroond; zijn vertaald; wordt ... opgevoed; gemerkt zult hebben / zijn gegaan; hebben gemerkt.*

Wijs de cursisten op het feit dat de zinsbouw waarin eerst het participium en dan *hebben* komt ook gebruikt kan worden, zonder dat dit een betekenisverschil oplevert.
Laat de cursisten de zinnen in het grammaticablokje met de passieve vormen vertalen, zodat duidelijk wordt waar het hier over gaat. Wijs vooral ook op de vorm van het perfectum zonder *worden*, aangezien dit in het Duits anders is! Stel de groep vragen over de tekst. Daarna formuleert iedere cursist één tot drie vragen over de tekst en stelt deze aan zijn gesprekspartner.

6 Die film vond ik echt ontzettend slecht.

a **Doel** *zinnen en woorden voor het geven van een waardeoordeel*
Methode *ontdekkend leren*
Oplossing ***positief:*** 1, 3, 5, 6, 8; ***negatief:*** 2, 4, 7.

b **Doel** *herkennen positieve waardeoordelen*
Methode *gedetailleerd lezen*
Oplossing *een prachtig verhaal; leef je erg mee; een echte aanrader; meesterlijk verteld; voortreffelijke stijl; goed geconstrueerd en doordacht, absoluut aan te bevelen.*

c **Doel** *oefenen geven van een waardeoordeel*
Methode *groepsgesprek*

7 Taak: een recensie

Indien twee cursisten dezelfde film hebben gezien of hetzelfde boek hebben gelezen, kunnen ze daarover natuurlijk ook een korte recensie schrijven.

Leuk. Lezen!

1 **Doel** *voorbereiding op het lezen*
Methode *verbindingsoefening*
Oplossing *1c–foto 4; 2a–foto 3; 3d–foto 1; 4b–foto 2.*

2 **Doel** *tekstsoorten herkennen*
Methode *globaal lezen*
Oplossing 1C, 2A, 3B.

3 **Doel** *relevante informatie begrijpen*
Methode *selectief lezen*
Oplossing **1.** *klopt niet (ook de schoonheid van het platteland is thema);* **2.** *klopt;* **3.** *klopt niet (het eten werd tijdens de voorstelling geserveerd);* **4.** *klopt niet (Paul Koek is de theatermaker, de kok heet André Amaro);* **5.** *klopt niet (kleine en grote producties over de hele wereld);* **6.** *klopt.*

Vraag de cursisten bij beweringen die niet kloppen waarom ze niet kloppen. Gebruik verschillende zinnen als *dat klopt (niet); dat is (niet) juist; inderdaad dat is goed / dat is fout.*

4 **Doel** *oefenen passieve vorm*
Methode *gedetailleerd lezen / invuloefening*
Oplossing **1.** *werden vergeten;* **2.** *wordt gezorgd;* **3.** *wordt verzorgd;* **4.** *worden gedeeld;* **5.** *wordt gerepeteerd.*

5 **Doel** *oefenen v.t.t.t. (Futur II)*
Methode *gedetailleerd lezen / invuloefening*
Oplossing **1.** *zult … uitgenodigd zijn;* **2.** *zal … gedacht hebben;* **3.** *zult … gemerkt hebben.*

6 **Doel** *toepassen op eigen situatie*
Methode *groepsgesprek*

Leuk. Luisteren!

1 **Doel** *voorbereiding op het luisteren / woordenschat muziekinstrumenten*
Methode *ontdekkend leren (a.h.v. plaatjes)*
Oplossing *rechtsboven: piano; v.l.n.r.: gitaar, drumstel, harp, blokfluit, dwarsfluit, trompet, saxofoon, accordeon, viool.*

2 **Doel** *activeren woordenschat*
Methode *vragen naar vermoeden van de cursist*

Wijs de cursisten erop dat deze vraag niets met de luistertekst te maken zal hebben. Mogelijke antwoorden kunnen zijn: *accordeon, harp, blokfluit.*

3 **Doel** *relevante informatie begrijpen*
Methode *selectief luisteren*
Oplossing *saxofoon, drumstel, piano, gitaar, viool, dwarsfluit, harp. Niet te horen: blokfluit, trompet, accordeon.*

4 **Doel** *relevante informatie begrijpen*
Methode *selectief luisteren*
Oplossing *Zij heeft saxofoon en drumstel verwisseld.*

5 **Doel** *uitbreiding woordenschat: instrumenten*
Methode *spreekoefening / groepsgesprek*

6 **Doel** *toepassen op de eigen situatie*
Methode *spreekoefening / groepsgesprek*

Verdere vragen (voornamelijk bij cursisten die snel leren): *Heeft iemand een associatie bij de klank van een bepaald instrument? Zo ja, welke? Heeft iemand daar een verhaal over?*

Kort en bondig

Oplossing ***Passiv:** wordt ... verzorgd, werden ... vergeten / is ... opgevoerd, zijn ... gemaakt. **Futur II:** zal ... zijn, zal ... zijn, zult hebben.*

Voor beroep en praktijk: een zakenreis

1 Ik kan helaas niet komen!

a **Doel** *telefoonsituaties herkennen*
Methode *globaal luisteren*
Oplossing 1-2; 2-2; 3-1; 4-1.

Verklaar de cursisten dat de luistertekst uit twee delen bestaat.

b **Doel** *relevante informatie begrijpen*
Methode *gedetailleerd luisteren*
Oplossing **1.** *Juliette de Moreau;* **2.** *nog een half uur;* **3.** *er is een reis naar een leverancier in Polen tussen gekomen;* **4.** *donderdag en vrijdag.*

2 Wat kan ik voor u doen?

a **Doel** *zinnen bij het thema telefoneren*
Methode *verbindingsoefening*
Oplossing 1e, 2c, 3d, 4a, 5b.

Automatiseringstraining: De eerste cursist zegt een van de zinnen links, de tweede geeft daarop zo snel mogelijk een passende reactie die rechts staat. Dan is de tweede cursist aan de beurt en een derde cursist reageert enz.

b **Doel** *oefenen telefoongesprekken*
Methode *partnergesprek / rollenspel*

Bereid deze oefening voor op het bord. Schrijf de fases van een telefoongesprek op (*opnemen, voorstellen; eventueel doorverbonden worden met de juiste persoon gevolgd door nog een voorstelling; vervolgens het eigenlijke thema; afsluiting van het gesprek*). Verzamel bij iedere fase van het gesprek verschillende uitdrukkingen / zinnen.

3 Hoe kom ik het makkelijkst naar jullie kantoor?

a **Doel** *relevante informatie begrijpen*
Methode *selectief-gedetailleerd lezen*
Oplossing *Hij kan bij het Zuidstation uitstappen en dan direct lijn 6 of 2 nemen.*

Laat de cursisten met behulp van het uittreksel van het metronet de woorden en zinnen uit les 5 herhalen: *de metro nemen, instappen, uitstappen, overstappen, rijden / gaan.*

b **Doel** *relevante informatie zoeken en begrijpen*
Methode *zoeken op internet*

Print voor de les een overzicht van wat er in Brussel te doen is en neem dit mee naar de les. Daarbij kan eventueel de opdracht worden gegeven dat de de cursisten in groepjes van twee een gezamenlijk "event" moeten uitzoeken.
Variatie: De cursisten werken in groepjes van twee een telefoongesprek uit tussen een bezoeker en een bedrijf. In dit telefoongesprek wordt over een gemeenschapplijk avondprogramma gesproken. Daar kan dan ook weer een telefoongesprek met als thema *kaartjes reserveren* op volgen.

Ik voel me niet zo lekker. Les 7

1 Luister naar je lichaam.

a **Doel** *woordenschat: lichaam*
Methode *ontdekkend leren (a.h.v. plaatjes)*
Oplossing ***hoofd*** *van rechtsboven met de klok mee:* 6, 10, 3, 4, 2, 1, 8, 7, 5, 9; ***lichaam*** *van rechtsboven met de klok mee:* 20, 11, 18, 13, 12, 23, 25, 19, 15, 21, 17, 24, 16, 14, 22.

Wijs de cursisten op het verschil tussen *tand – tanden* enerzijds en *kies – kiezen* anderzijds (in het Duits allebei Zahn – Zähne). Stel vragen om met de woordenschat te oefenen. Denk hierbij aan vragen als: *Welk lichaamsdeel beweeg je als je danst? Welk lichaamsdeel als je Nederlands leert / naar muziek luistert / je fietst / televisie kijkt?* e.d.

b **Doel** *training woordenschat lichaam*
Methode *partneroefening*

De oefening kan eerst als voorbeeld worden voorgespeeld: de docent bedenkt een figuur en beschrijft dit figuur en iedere cursist tekent dit figuur aan de hand van de beschrijving. Vervolgens kunnen de tekeningen van de cursisten met elkaar worden vergeleken. Daarna kunnen de cursisten dit in groepjes van twee zelf doen.
Opmerking: *Figuur* is een woord in het Nederlands dat zowel met het lidwoord *de* als *het* kan worden gebruikt!

2 Als ik jou was, rookte ik niet zoveel!

a **Doel** *zinnen bij het thema gezondheidstips*
Methode *gedetailleerd lezen / partnergesprek*

Vervolgoefening: Iedere cursist zoekt een advies uit en oefent dit advies met verschillende interpretatie uit te spreken (bv. ernstig, vriendelijk, ironisch, verveeld, geërgerd enz.). Dan laat iedere cursist zijn verschillende versies aan de groep horen en de anderen moeten raden welke interpretatie wordt bedoeld.

b **Doel** *constructies voor adviseren / raad geven*
Methode *ontdekkend leren*
Oplossing ***a.*** *neem, wees;* ***b.*** *zou, zou;* ***c.*** *moet, moet;* ***d.*** *was, rookte.*

c **Doel** *adviezen geven*
Methode *rollenspel*

Dit is ook als spelletje mogelijk: de cursisten maken een dialoog, waarbij het advies aan het eind komt. Als ze hun dialoog aan de groep voorstellen laten ze echter het advies weg en de luisteraars moeten dan spontaan reageren met het passende advies.

3 Ik heb zo'n last van mijn rug.

a **Doel** *woordenschat: lichamelijke klachten*
Methode *ontdekkend leren (a.h.v. plaatjes)*
Oplossing *v.l.n.r.:* 9, 2, 3; 4, 5, 10, 6; 8, 1, 7.

De woordenschat kan ook hier weer in de vorm van een spelletje *vind het passende paar* worden geoefend. Maak hiervoor kaartjes met plaatjes en schrijf de passende begrippen voor de kaartjes op andere kaartjes.
Tip: Wijs de cursisten op de prepositie in *allergisch zijn voor iets.*
Let op: In het Vlaams wordt *kiespijn tandpijn* genoemd.

b **Doel** *gesprekscontext herkennen*
Methode *globaal lezen*
Oplossing **1.** *apotheek;* **2.** *apotheek / drogist;* **3.** *huisartspraktijk;* **4.** *werk.*

Opmerking: Het gebruik van *maar* en *alleen* (in het Duits allebei *nur*):
- Volgt een getal, dan gebruik je *maar*: *Ik drink maar 1 kopje koffie.*
- Volgt geen exact getal, dan gebruik je *alleen*: *Ik drink alleen koffie.*
- *Alleen maar* gebruik je als versterking, zonder dat daarna een getal volgt: *Ik drink alleen maar koffie. Geen water, geen thee, niets, echt alleen maar koffie.*
- *Maar* wordt ook vaak voor het Duitse *mal* gebruikt: *Denk daar nou maar niet aan. / Ik denk dat ik maar naar huis ga. / Nou beterschap dan maar.*

Let op: In het Vlaams wordt het niesgeluid weergegeven met *Hatsjie!* Vraag de cursisten hoe het niezen in hun land wordt weergegeven. **Vervolgoefening:** Laat de cursisten de dialogen in tweetallen lezen. Vervolgens wisselen zij van rol. Op deze wijze worden de woorden en zinnen bij het thema goed geoefend.

c **Doel** *oefenen gesprekken met apotheker / dokter*
Methode *rollenspel*

Deze oefening kan uitgebreid worden door de cursisten in groepjes van twee drie goed / fout-beweringen over hun eigen dialoog te laten opschrijven (bijvoorbeeld op het bord). De luisteraars kruisen dan aan wat klopt.

4 Hè toch!

a **Doel** *gesprek met een zieke voeren*
Methode *selectief luisteren*
Oplossing **1.** *arme vent van me.* **2.** *God zij dank!* **3.** *Dat hoop ik dan maar.* **4.** *zal ik straks voor je halen.* **5.** *Oh gelukkig.*

Variatie voor cursisten die vlot leren: Laat de cursisten eerst zelf de ontbrekende woorden invullen en vervolgens bij het luisteren hun antwoorden controleren. Bij nummer 2 en 5 moet dan zowel *God zij dank* als *Gelukkig* worden geaccepteerd. *God zij dank* wordt in het Nederlands niet zoveel gebruikt als in het Duits. *Gelukkig* hoor je in het Nederlands veel vaker!

b **Doel** *indirecte rede herkennen*
Methode *onderstrepen*
Oplossing *Ze zei dat het niet zo ernstig is, dat het maar een griepje is. In de apotheek zeiden ze dat ze die medicijnen pas vanmiddag hebben.*

In het Duits kun je in sommige gevallen het voegwoord *dass* weglaten. Dit heeft tot gevolg dat de zinsbouw verandert. Voorbeeld: *Sie sagte, es ist (sei) nicht so ernst. / Sie sagte, dass es nicht so ernst ist (sei).* Een directe vertaling is echter mogelijk (vgl. blz. 81).

c **Doel** *oefenen gesprek met apotheker / adviezen geven*
Methode *rollenspel*

Verklaar eerst de woordenschat.

Let op: De Vlaamse bijsluiters zullen voor de Duitstalige cursisten geen probleem zijn, aangezien wettelijk geregeld is dat de bijsluiters in de drie talen van België moeten worden uitgegeven: Nederlands, Frans en Duits!
Vervolgoefening: Een cursist kan een klant spelen die net uit de apotheek terugkomt en thuis in indirecte rede vertelt wat er gezegd werd.

5 Je zou eens wat minder achter de computer moeten zitten.

a **Doel** *adviezen geven*
Methode *spreekoefening*

b **Doel** *woorden en zinnen bij het thema gezondheid*
Methode *quiz / partneroefening*

Tip: De gesprekspartners wisselen van boek, zodat uiteindelijk ieder zijn eigen antwoorden in zijn eigen boek heeft. Een cursist doet zijn boek dicht, de ander stelt de vragen, geeft de drie antwoordmogelijkheden en vult het gegeven antwoord in. Daarna worden de rollen gewisseld. Aan het einde telt ieder zijn eigen punten op.

c **Doel** *toepassen op eigen situatie*
Methode *groepsgesprek*

Herhaal voor deze oefening – vooral voor cursisten die niet zo snel leren – woorden als *vaak, soms, (bijna) nooit, altijd, regelmatig, af en toe* enz.

6 Zou iemand me kunnen helpen?

Doel *conditionalis*
Methode *ontdekkend leren*
Oplossing *zou; zou; zou; zou … kunnen.*

Maak gebruik van bladzijde 81 om de conditionalis uit te leggen.

7 Taak: een lijst

Laat de cursisten eerst mondeling zoveel mogelijk tips tegen verkoudheid inventariseren. In grote groepen is het raadzaam de cursisten in kleinere groepjes in te delen. Vervolgens moeten de cursisten hun verzamelde tips in volledige zinnen schriftelijk formuleren. Ze kunnen hierbij gebruik maken van de adviesvormen die ze in dit hoofdstuk hebben geleerd. Als er verschillende groepjes gevormd zijn, kunnen de uiteindelijke lijsten met tips met elkaar worden vergeleken. Vraag de cursisten welke middeltjes ze zelf al eens hebben uitgeprobeerd, welke middeltjes nieuw waren en wat ze nooit zouden doen.

Leuk. Lezen!

1 **Doel** *voorbereiding op het lezen*
Methode *vragen naar vermoeden*

2 **Doel** *tekstkarakter herkennen*
Methode *globaal lezen*
Oplossing *bv. zakelijk, informatief, praktijkgericht.*

3 **Doel** *vermoeden controleren*
Methode *gedetailleerd lezen*

4 **Doel** *relevante informatie begrijpen*
Methode *selectief-gedetailleerd lezen*
Oplossing **1.** *huisartsenpost;* **2.** *ziekenhuis (SEH);* **3.** *recept bij arts halen;* **4.** *naturapolis;* **5.** *zorgtoeslag via de Belastingsdienst aanvragen;* **6.** *binnen vier maanden.*

Eventueel de cursisten aanmoedigen de vorm *Als ik jou was zou ik ...* te gebruiken.

5 **Doel** *woordenschat gezondheidszorg / begripsverduidelijking*
Methode *invuloefening*
Oplossing **1.** *wet;* **2.** *zorgtoeslag;* **3.** *zorg;* **4.** *spoedeisende hulp;* **5.** *huisartsenpost.*

6 **Doel** *transfer*
Methode *korte presentatie / spreekbeurt*

Leuk. Luisteren!

1 **Doel** *voorbereiding op het luisteren*
Methode *voorkennis activeren*

2 **Doel** *voorbereiding op het luisteren*
Methode *voorkennis activeren*

3 **Doel** *relevante informatie begrijpen*
Methode *selectief luisteren*
Oplossing *4, 2, 1; Het meest heeft hem een therapie geholpen.*

4 **Doel** *zinsbouw*
Methode *woorden in de goede volgorde brengen*
Oplossing **1.** *... dat het zo niet door kon gaan.* **2.** *Maar je zou ook eens kunnen gaan nadenken ...* **3.** *Wat zou ik kunnen doen ...* **4.** *Je zou eens wat meer aan sport moeten doen.* **5.** *... wat ik zou moeten doen.* **6.** *... dan zou je niet eens op zo'n idee komen.*

5 **Doel** *indirecte rede oefenen*
Methode *vragen beantwoorden*
Oplossing **1.** *Hij zei dat hij me voorlopig vrij zou geven.* **2.** *Nee, ze zegt dat je moet leren beter met je werk om te gaan.* **3.** *Zij zeiden dat hij op vakantie moest gaan, meer aan sport moest doen en fruit en groente moest eten.* **4.** *Anke zegt dat 10 % van de bevolking met burn-outsymptomen te maken heeft.*

6 **Doel** *adviezen geven*
Methode *adviezen burn-out inventariseren*

Kort en bondig

Oplossing ***Indirekte Rede:*** *Hij heeft gezegd* <u>*dat*</u> *... Hij vraagt* <u>*of*</u> *...*
Ik denk <u>*dat*</u> *... Ik vind* <u>*dat*</u> *...*

Eindelijk vakantie! Les 8

1 Ik moet mijn koffer pakken.

a **Doel** *woordenschat: reisbenodigdheden*
Methode *ontdekkend leren (a.h.v. plaatjes)*
Oplossing *v.l.n.r.: e, i, h, d, k, g, j, f (in het midden), b, c, a.*

b **Doel** *uitbreiding woordenschat reisbenodigdheden*
Methode *partnergesprek / lijst maken*

Mogelijke vakantiebestemmingen zijn bijvoorbeeld: Ardennen (bv. wandelen), kamperen aan de Nederlandse kust of op een Waddeneiland, stad bezoeken enz. De lijsten kunnen ook met elkaar worden vergeleken: Wat komt op alle lijsten voor, wat is anders?

c **Doel** *training woordenschat; oefenen zowel ... als*
Methode *spel*

Normaal gesproken wordt er bij het spelletje *Ik ga op reis en ik neem mee...* en in het algemeen bij grote opsommingen geen gebruik gemaakt van *zowel... als ...*, in dit geval is het echter voor de cursisten een goede mogelijkheid die woorden te oefenen. Als er een opsomming met verschillende dingen wordt gegeven moet niet voortdurend *als* worden herhaald: *Ik ga op reis en ik neem zowel een paraplu als een emmer mee, een handdoek, een reisgids* enz. Ook mogelijk: *Ik ga op reis en neem zowel een paraplu, een emmer, een handdoek, ... als een reisgids mee.*

2 Geweldig is het hier!

a **Doel** *herkennen landen, nationaliteiten en afgeleide adjectieven*
Methode *ontdekkend leren*
Oplossing *Indonesië, Australiërs, Japanse, Fransman, Engels, Noorwegen, Zweedse, Griekenland, Italië, Nederlandse, België, Duitse, Australische.*

b **Doel** *vormen van landen, nationaliteiten en afgeleide adjectieven*
Methode *ontdekkend leren*
Oplossing *Noor, Italiaanse, Duits, Duitse, Nederlander, Nederlandse, Engels, Fransman, Australiër, Belgische.*

Opmerking: Het adjectief is meestal ook de taal van het land. *Belgisch* bestaat alleen als adjectief, natuurlijk niet als taal.
Vervolgoefening: Stel vragen over de inhoud van de tekst. Bijvoorbeeld: *Noem de reisbestemmingen van Laura: Waar is ze eerst geweest, waar daarna en waar is ze nu? (Indonesië, Adelaide, Kangaroo Island). Hoe vindt ze het daar? (De groep lijkt gezellig en de quadbiketour was geweldig). Waarom drinken ze wijn uit een pak? (Omdat glas op het eiland niet is toegestaan). Wat gaan ze morgen doen? (Zeehonden en pinguïns bekijken).* Vraag of misschien iemand van de cursisten Australië of Kangaroo Island kent. Zo ja: *Wanneer is hij daar geweest? Hoe was het daar?* etc.

c **Doel** *spreken over vakantie*
Methode *bingo-spelletje*

Gebruik de ingevulde resultaten naderhand om de cursisten over hun belevenissen te laten vertellen.

3 De vakantie van mijn dromen ...

a **Doel** *spreken over verschillende soorten vakantie*
Methode *spreekoefening a.h.v. plaatjes*

De cursisten kunnen eventueel een lijst met hun persoonlijke prioriteiten maken. Of ze kunnen ook een overzicht maken over de prioriteiten van alle cursisten en dit in een soort statistiek weergeven. Een andere mogelijkheid is dat de cursisten elkaar onderling vragen stellen welke vakantie voor hen helemaal niet aanmerking komt en waarom niet enz.

b **Doel** *toepassen op de eigen situatie*
Methode *mindmap*

c **Doel** *spreken over vakantie*
Methode *vergelijken*

Vervolgoefening: De cursisten worden gevraagd wat ze verwachten van de vakantie die ze bij 3a hebben uitgezocht. Wat is voor hen belangrijk bij zo'n vakantie?

4 Waar is de gaskraan?

a **Doel** *aanwijzingen begrijpen*
Methode *verbindingsoefening*
Oplossing *a3, b2, c1, d5, e4, f6.*

Maak de cursisten duidelijk dat de zinnen links niet in de juiste volgorde staan, maar de tekeningen aan de rechterkant wel (nummer 1 t/m 6).

b **Doel** *aanwijzingen geven*
Methode *partnergesprek*

Vervolgoefening: Toepassen op de eigen situatie: De cursisten krijgen vakantiebezoek uit Nederland of Vlaanderen en geven schriftelijke aanwijzingen over iets in hun eigen woning.

5 Wat is de dagschotel van vandaag?

a **Doel** *relevante informatie begrijpen*
Methode *selectief luisteren*
Oplossing *loempia*

Ga in deze fase nog niet nader in op de afzonderlijke gerechten.

b **Doel** *woordenschat: smaakrichtingen*
Methode *gedetailleerd luisteren / lezen*
Oplossing *sauer – zuur; süßsauer – zoetzuur; knackig – knapperig; mild – mild.*

Opmerking: Rond 1900 waren er een paar honderdduizend Chinezen in Nederland, voornamelijk in Rotterdam en Amsterdam. Daar werd dan ook veel Chinees gegeten. Vanwege de economische crisis en vervolgens de Tweede Wereldoorlog gingen de meeste Chinezen echter terug naar China. Als gevolg van de Indonesische onafhankelijksoorlog (1945-1949) kwamen veel Indonesiërs naar Nederland en met hen ook weer veel Chinezen. Vele Chinezen openden in Nederland vervolgens Chinees-Indonesische restaurants. Deze restaurants werden een groot succes: Het eten is er goedkoop en je kunt er het eten afhalen – de *afhaalchinees* (iets wat erg in de smaak viel bij de Nederlanders).

c **Doel** *oefenen gerechten beschrijven*
Methode *partnergesprek*

Maak duidelijk dat het in het algemeen belangrijk is dat je iets kunt beschrijven als je het woord niet kent. Dit te oefenen loont in ieder geval! In deze fase kan op de betekenis van de afzonderlijke gerechten ingegaan worden (maar het is niet belangrijk, dat de cursisten alle gerechten kennen).

6 Fantastisch gegeten!

a **Doel** *woordenschat: positieve en negatieve woorden voor beoordeling*
Methode *gedetailleerd lezen*
Oplossing ***positief**: romantisch, exclusief, fantastisch, bijzonder, voortreffelijk, perfect, chic, lekker, ongedwongen, vriendelijk, gezellig, prima, niet te duur, mooi, sfeervol, uitgebreid;*
***negatief**: duur, chic, fel, ongezellig, waardeloos, onvriendelijk, smakeloos.*

b **Doel** *spreken over restaurantkeuze*
Methode *partnergesprek*

7 Taak: een restaurantbeoordeling

Laat de cursisten hiervoor in groepjes van twee samenwerken. Is de groep niet zo groot kan er natuurlijk ook in de hele groep worden samengewerkt.

Leuk. Lezen!

1 **Doel** *voorbereiding op het lezen*
Methode *verbindingsoefening*
Oplossing *1e, 2a, 3d, 4b, 5c.*

Vervolgoefening: De cursisten maken in groepjes van twee zelf een dergelijke opgave met woorden die ze tot nu toe hebben geleerd. De opgaven worden dan tussen de verschillende tweetallen uitgewisseld.

2 **Doel** *relevante informatie begrijpen*
Methode *globaal lezen*
Oplossing A3, B1, C2.

3 **Doel** *relevante informatie begrijpen*
Methode *selectief lezen*
Oplossing ***Jasmijn & Jeroen:*** 3, 5; ***dochter & schoonzoon:*** 2, 4; ***Esther:*** 1.

4 **Doel** *relevante informatie begrijpen*
Methode *gedetailleerd lezen / vertalen*
Oplossing **1.** *Droomt u ook wel eens?* **2.** *Maar een paar stappen verwijderd van het centrum.* **3.** *... om alle beslommeringen achter zich te laten.* **4.** *... redt mensen uit de tredmolen van alledag.* **5.** *... tot een particulier er zijn droom waarmaakt.* **6.** *... is niet meer in dienst, maar niet in ruste.* **7.** *... heeft tientallen zeevarenden van de dood gered.*

5 **Doel** *transfer*
Methode *groepsgesprek*

Vervolgoefening: Zoek op internet hoe je zonder auto vanuit jouw woonplaats naar de Noorderhaven in Harlingen, waar de reddingsboot ligt, komt. Vertel het aan de groep

Leuk. Luisteren!

1 **Doel** *voorbereiding op het luisteren*
Methode *voorkennis activeren*

2 **Doel** *voorbereiding op het luisteren*
Methode *voorkennis activeren*

3	**Doel**	*controleren antwoorden bij 1 en 2*
	Methode	*globaal en gedetailleerd luisteren*
	Oplossing	*cijfers: 1; school: 1; ligstoelen: 3; zwemmen: 5; verwennen: 4; paardrijden: 5; ontspannen: 4; boogschieten: 2; reisbegeleiding: 3.*
4	**Doel**	*relevante informatie begrijpen*
	Methode	*selectief luisteren*
	Oplossing	**1.** *taalcursussen;* **2.** *zwemmen;* **3.** *bus;* **4.** *ayuverdische behandelingen, massages, mediteren in de tuin of yogaklas;* **5.** *Zij wil niet ver rijden, dat haar dochter kan paardrijden, haar zoon hutten kan bouwen, haar kinderen iedere dag kunnen zwemmen, een natuurlijke omgeving en niet te duur.*
5	**Doel**	*relevante informatie begrijpen*
	Methode	*gedetailleerd lezen en luisteren*
	Oplossing	**1.** *sportenvakantie;* **2.** *naarspanjemetdebus;* **3.** *landgoedvanbaarle;* **4.** *familiepark;* **5.** *vrijetijdentaal.*
6	**Doel**	*toepassen op de eigen situatie*
	Methode	*groepsgesprek*

Kort en bondig

Oplossing **Länder, Adjektive, Einwohner:** Italiaan, Griekse, Zwitser, Zwitserse, Duitse, Nederlander, Nederlandse, Oostenrijker, Engels, Fransman, Australiër, Belgische. **Imperativ:** Loop naar de trap. Open de deur ... Draait u de gaskraan ... Zet u het gasfornuis aan.

Voor je studie: BSc, PGO etc.

1 Wat betekent eigenlijk ... ?

a **Doel** *relevante informatie begrijpen*
Methode *globaal lezen*
Oplossing **2.** *assistent in opleiding;* **3.** *kwaliteitszorg onderwijs;* **4.** *bacheloropleiding;* **5.** *academisch jaar;* **6.** *propedeuse;* **7.** *duale leerwegen.*

AiO wordt uitgesproken als "Ajo". Voor een AiO is onderzoek doen het belangrijkst maar een AiO moet ook lesgeven.

b **Doel** *relevante informatie begrijpen*
Methode *selectief lezen*
Oplossing **1.** *Bachelor of Science;* **2.** *Op de eerste maandag van september;* **3.** *Een oriënterende en selecterende functie;* **4.** *Iedere opleiding ondergaat één keer in de zes jaar een visitatie.*

In groepen met cursisten die snel leren kan een gesprek over de verschillen met het eigen land worden gesproken.

2 Hoe zit dat nou eigenlijk met ...?

a **Doel** *relevante informatie begrijpen*
Methode *selectief luisteren*
Oplossing **1.** *klopt;* **2.** *klopt niet;* **3.** *klopt niet (zij legt het hem uit);* **4.** *klopt;* **5.** *klopt niet (ze gaan naar een café).*

b **Doel** *relevante informatie begrijpen*
Methode *selectief luisteren*
Oplossing **1.** *nee, het is gesloten;* **2.** *met haar master;* **3.** *vervolgopleiding tot chirurg;* **4.** *probleem gestuurd onderwijs;* **5.** *Kishuaheli.*

c **Doel** *relevante informatie begrijpen*
Methode *selectief-gedetailleerd luisteren*
Oplossing **1.** *b, c, d;* **2.** *c,d.*

d	**Doel**	*relevante informatie begrijpen*
	Methode	*gedetailleerd luisteren*
	Oplossing	*b.v.* **1.** *Das läuft nicht davon.* **2.** *In welchem Jahr bist du?* **3.** *Das dauert wohl noch ein bisschen.* **4.** *Das will ich auch gerne.* **5.** *Ich bin so oft darauf gestoßen.* **6.** *Ich brauche sowieso gerade einen Kaffee.* **7.** *Was beinhaltet das?* **8.** *Wie meinst du das?* **9.** *Muss man selbst eine Lösung finden?* **10.** *Das wirst du schon selbst herausfinden.* **11.** *Das ist schon empfehlenswert.* **12.** *Geh mal rein. / Lass uns reingehen.*

Laat de cursisten overeenkomsten tussen uitdrukkingen in het Nederlands en het Duits onderstrepen. Eventueel kunnen de cursisten ze ook met het Engels vergelijken.

Variatie: Iedere cursist gaat voor zichzelf na welke drie begrippen of uitdrukkingen voor hem belangrijk zijn, onderstreept deze en leert ze thuis.

Aangezien er veel cursisten in Nederland fysiotherapie of geneeskunde willen studeren is het ingaan op deze woordenschat belangrijk. Hier kan eventueel ook een herhaling van de woordenschat die bij het thema *Bij de dokter* hoort worden herhaald. Afhankelijk van de groep kan er eventueel ook worden ingegaan op de verschillen tussen studeren in Nederland en studeren in Duitsland.

Prinsjesdag

1 Wat gebeurt er op Prinsjesdag?

a **Doel** *relevante informatie begrijpen*
Methode *selectief lezen*
Oplossing *bv.* **A.** *in de Gouden Koets;* **B.** *leest de koningin in de Ridderzaal de Troonrede voor;* **C.** *Het koffertje is gemaakt van geitenperkament.*

Verklaar afhankelijk van de cursisten de moeilijkste begrippen: *Staten-Generaal* = Generalstände, also die beiden Kammern des Parlaments; *Miljoenennota* = Haushaltsplan; *rijksbegroting* = Staatshaushalt; *geitenperkament* = Pergament aus Ziegenhaut (maar dit kunnen de cursisten waarschijnlijk zelf ontcijferen). Interessant voor de cursisten is het waarschijnlijk ook om in te gaan op de vorm *Hare Majesteit* en deze vorm met de Duitse vorm te vergelijken. Verdere begrippen pas na het maken van oefening 1b uitleggen. Op internet kun je natuurlijk meer informatie over het thema vinden. Vraag eventueel de cursisten thuis het antwoord op deze vragen te zoeken: *Waarom heet deze dag Prinsjesdag? Waarom is Prinsjesdag op de derde dinsdag in september?*

b **Doel** *relevante informatie begrijpen*
Methode *selectief lezen*
Oplossing **1.** *het parlementaire jaar van de Staten-Generaal;* **2.** *zij leest de Troonrede voor;* **3.** *de minster van Financiën;* **4.** *nee, de traditie is van de Engelsen overgenomen;* **5.** *sinds 1964.*

Naast deze eenvoudige introductievragen kunnen er eventueel ook moeilijkere vragen worden gesteld, bv. *Waar komt de traditie van het koffertje vandaan? Beschrijf in eigen woorden hoe de ceremonie plaatsvindt.* Vergevorderde cursisten kunnen ook met hun eigen land vergelijken.

1 meifeest

1 1 mei vier ik in Genk.

a **Doel** *woordenschat: thema 1 meifeest*
Methode *ontdekkend leren*
Oplossing *1a, 2d, 3f, 4c, 5h, 6g, 7e, 8i, 9b.*

b **Doel** *relevante informatie begrijpen*
Methode *vragen formuleren en beantwoorden*

Motiveer de cursisten zelf vragen te formuleren. Hiervoor kunnen bijvoorbeeld eerst drie vragen uit de groep op het bord worden geschreven. Vervolgens kunnen de cursisten alleen of in samenwerking met een andere cursist bijvoorbeeld vragen opschrijven de zij dan in de tweede fase aan de andere cursisten stellen.

Prettige paasdagen!

1 Pasen

a

Doel *woordenschat: thema Pasen*
Methode *ontdekkend leren (a.h.v. plaatjes)*
Oplossing *v.l.n.r.: vlechtbrood, paashaas, naar de kerk gaan, versierde eieren, lammetje, gekleurde eieren in een mandje.*

b

Doel *oefenen woordenschat*
Methode *selectief luisteren*
Oplossing *paashaas, gekleurde eieren, lammetjes, naar de kerk gaan.*

c

Doel *relevante informatie begrijpen*
Methode *selectief luisteren*
Oplossing *klopt: 1, 2, 5.*

Vertel de cursisten dat de namen van de feestdagen met een hoofdletter worden geschreven, tenzij er iets aan de naam wordt toegevoegd (*Pasen – paaseieren*)
Let op: In grote delen van Vlaanderen komt niet de paashaas, maar brengen de kerkklokken de eieren en verdelen of strooien de eieren. Van *Goede Vrijdag* (Karfreitag) tot *Pasen* worden de kerkklokken niet geluid. Men zegt dat dan de kerkklokken naar Rome vliegen en daar dan al het zoets ophalen.

d

Doel *toepassen op de eigen situatie*
Methode *groepsgesprek*

Carnaval

1 Carnaval vier je in het katholieke zuiden.

Doel *relevante informatie begrijpen*
Methode *selectief lezen*
Oplossing **1.** *klopt niet;* **2.** *klopt niet;* **3.** *klopt (maar wordt in de tekst niet genoemd);* **4.** *klopt niet.*

2 Waar kun je het beste carnaval vieren?

Doel *transfer op de eigen situatie*
Methode *groepsgesprek*